この1冊ですべてわかる

新版

経営分析の基本

The Basics of Business Analysis

林 總

Hayashi Atsumu

日本実業出版社

はじめに

『経営分析の基本』の初版が発行されて 7 年が経ちました。この間、多くの皆さんにご購読いただいたことを感謝します。

本書の中で繰り返し述べますが、経営指標を計算できるだけでは、何の役にも立ちません。

ところが、経営分析の初学者は、数学の公式を覚えるように、経営指標の計算式を暗記し反復練習します。さらに、分析結果の評価基準まで暗記するのです。

しかし、画一的な評価基準などありません。経営分析は、医学に置き換えれば画像診断です。最近の医師国家試験では画像問題が多く出題され、これを落とすと合格できないといわれています。経営者であれ、会計の専門家であれ、経営分析の結果から企業が抱えている課題を見つけられなくては仕事はつとまりません。

さらに一歩進めて、医学生が長い時間をかけて人体を学ぶのは、画像診断のテクニックだけでは、体内に潜んでいる重大な病気は見つけられないからです。経営分析も同じで、企業の実態が財務諸表にどのように反映されているかを理解せずに、分析結果を深く読み解くことはできません。

私は 2 つの大学院で、本書（初版）を使って経営分析を教えてきました。1 つ目の学校は、実務経験のない学生がほとんどでした。彼らは、本書における実務での考え方や異常点の見つけ方、あるいは有名企業の分析実例など、リアルな内容に興味を示しました。2 つ目の大学院は、ほとんどの学生が社会人でした。それまでは、形式的に経営分析を行なっていたのですが、本書を読み込むことで、理論と実務とがピッタリ一致し、初めて経営分析を学ぶ意義が理解できたそうです。

時代とともに企業は大きく変化します。そこで、この新版では、掲載の企業事例を最新のものに書き換えました。特に、キャッシュフローの説明を増やしました。その他、説明の足りなかった箇所を補足し、一部文章の流れを整えて読みやすくしました。

　この本を経営者や経理担当者など、実務家の皆さん、そして公認会計士試験、税理士試験、中小企業診断士試験などの受験生の皆さんに座右の書としていただきたいと願っています。

2023年3月

　　　　　　　　　　　　　　　　　　　　　　　　林　　總

はじめに

貸借対照表（B／S）分析
――基礎がしっかりしていない建物は長持ちしない

第3章　損益計算書分析
――努力すれば成果が出るのか、それが問題だ

キャッシュフロー計算書分析
──お金が回っていれば、会社は絶対につぶれない

キャッシュフローの動態的分析
──少ないお金で大きく儲ける秘訣

第**6**章

生産性分析
──ムダな経営はこうして見つける

第7章 株式投資分析
──株を始める前に知っておきたいこと

カバーデザイン◎志岐デザイン事務所／秋元真菜美

本文DTP◎一企画

第1章

財務諸表を読めなくては、
ビジネスパーソンは務まらない

なぜ、経営分析が必要なのか？

財務諸表には、ビジネスの実態が表われる

■■ 財務諸表を読み解く訓練が必要

　財務諸表が読めないとどんな不都合なことが起きるのか、考えたことはありますか。「入社した会社が、実はまったく儲かっていなくて給料が上がらない」「大口の注文を取ったのに得意先が倒産して上司から大目玉を食った」「売上が順調に増えているのに、運転資金がショートして危うく倒産しかけた」「証券会社に勧められて株式投資をしたところ、株価が暴落して大損した」──。

　数え出したら切りがありません。すべて財務諸表が読めないことが原因です。私たちのほとんどがビジネスの世界と深く関わっている以上、ビジネスの実態を表わす財務諸表を読み解く訓練が不可欠です。

　まず、私たちがどのような状況で経営分析を行なうのかを説明しましょう。会計の勉強を効果的に行なう秘訣は、当事者になりきって考えることです。では、始めましょう。

case

　あなたは某中堅メーカーの経理部長です。最近、赤字続きで重苦しい日々が続いています。そんな折、3か月分の売上に相当する注文が文京商事から舞い込んできました。あなたの会社と文京商事とは初めての取引です。営業部長によれば、文京商事は優良会社で、納品の2か月後には代金が振り込まれることになっています。何しろ、年間売上高が2割以上も増えるのです。しかも、次の商談につながれば、低迷続きの業績に終止符を打つことができます。もちろん、久しぶりの朗報に社長は大喜びです。残すは、経理部長であるあなたの承認を待つばかりとなりました。

ここで質問です。あなたは責任ある立場として、この商談に無条件に賛成しますか。

「反対する理由なんてあるの？」と疑問に思ったとしたら、経理部長失格です。なぜなら、巨額の受注があなたの会社を潤すとは限らないからです。もしかして、受注することであなたの会社が倒産してしまうかもしれません。

■■ 倒産の危険性と経理部長の使命

◆危険性1　得意先に支払能力があるか

こんなケースが考えられます。文京商事への納品が終わったものの、売上代金が予定どおり入金されない場合です。

3か月分の売上代金の入金が遅れれば、購入した商品代金の支払いに支障をきたします。従業員給与の支払いにも影響が出てしまいます。銀行預金に余裕があれば、何とか入金まで急場をしのぐことができるかもしれません。しかし、得意先の資金繰りがつかずに倒産でもしたら、あなたの会社はどのような状況に陥ってしまうか、容易に想像できるでしょう。

もしかして、「取引先の倒産を前提とするような話は現実的ではない」と考える方がいるかもしれません。文京商事は優良会社であり、納品の2か月後には代金が振り込まれることになっているのだから、心配には及ばないというわけです。

しかし、ビジネスに油断は禁物です。新規取引先と取引してもいいかどうかは、経理部長であるあなたが責任をもって決める必要があります。他人任せにすべきではありません。

◆危険性2　生産能力は大丈夫か

何しろ、一気に取引量が3か月分も増えるのです。はたして生産に必要な材料を調達できるのか。人や機械の生産能力に余力はあるのか。

残業で対応できると判断した場合、残業手当を支払っても利益は出るのか。あるいは、外注に出したほうが有利か。

　経理部長であるあなたには、検討すべきことがたくさんあります。金額の大きさに目がくらみ、たいした検討もせずに引き受けたばかりに、納期遅れ、製品不良による返品、ペナルティなどで大損害を被ってしまうことは少なくありません。

◆危険性3　急増する運転資金に対応できるか

　もう1つは、急激な売上増加がもたらす危険性です。

　生産量を一気に増やせば、材料仕入代金や従業員に対する給料（残業代）が大幅に増えますから、商売に必要な現金、つまり運転資金は一気に増加します。

　問題は、この急激な運転資金の増加に耐えられるのか、ということです。もしも運転資金が不足して、しかも銀行が融資に応じてくれなければ、会社の資金繰りは行き詰まってしまいます。

　運転資金の増加を的確に予測し、必要な手を打つのは、経理部長のもっとも重要な仕事です。

●今回のcaseで検討すべきこと

危険性1　得意先に支払能力があるか
危険性2　生産能力は大丈夫か
危険性3　急増する運転資金に対応できるか

　つまり、経理部長であるあなたは、取引を始めるにあたって、「文京商事の支払能力は大丈夫か」、また、「あなたの会社はその注文に対応できるだけの生産能力を有しているか」、「急激な運転資金の増加に耐えられるのか」という点について判断しなくてはならないのです。

■■ 経営分析における注意点

　これから学んでいく経営分析は、簡単にいえば、**会社の健康状態を会計数値やその他さまざまなデータを使い、その良否を判定し、問題を診断する方法**です。分析の対象は他社、自社を問いません。

　注意していただきたい点は、経営分析という場合、財務諸表（決算書）の分析だけを指しているのではないということです。分析の対象となる会社のブランド価値、立地条件、従業員の資質、人や機械の生産性といった、財務諸表に載ってこない非財務情報もふくまれます。会社の実態を判断するためのすべての情報が、財務諸表に載っているわけではありません。

　とはいえ、経営分析の中心は**貸借対照表、損益計算書、キャッシュフロー計算書**などの財務諸表であり、本書では主に財務諸表の分析の仕方について説明していきます。

会社の目的とは何か?

利益を獲得することは、会社活動の前提に過ぎない

　次の質問について、社長や取締役、あるいは部門を任されている管理者になったつもりで考えてください。

——**会社の目的は何でしょうか?**

　簡単なようで、むずかしい問いかけです。経営学や管理会計のテキストには、会社の目的は「利益を獲得すること」とか、「株主価値を増加させること」とか、「顧客を創造すること」など、さまざまな見解が書かれています。

　もっともオーソドックスな見解は、「利益を獲得すること」でしょう。著名な管理会計学者であるロバート・アンソニーは、会社の目的を次のように定義しています。

　「一般に、事業の総合目的は、数量的に測定可能な範囲において、健全な財務状態を維持しながら、そこに投下された資金に対して十分な報酬を獲得すること」(『管理会計　アメリカ経営学大系　第10巻』木内佳市・長浜穆良訳、日本生産性本部、1963年)

　つまり、アンソニーは会社の活動(事業)の目的を、次の2つから構成されていると考えています。

数量的に測定可能な範囲において、
1. 健全な財務状態を維持すること
2. そこに投下された資金により十分な報酬を得ること

　基礎がしっかりとしていない建物のように、財務の状態が不安定な会社は長続きしません。そのうえで十分な報酬(利益)を得る。この

2つの目的を達成するには、会社の実態が見えなくてはなりません。そして、会社の実態を可視化する手法が「会計」です。

　会社の財務の状態を表現しているのが「貸借対照表」、そして、投下した資金によって十分な報酬（利益）を得ているのかを表わしているのが「損益計算書」です。

　以上から明らかなように、貸借対照表と損益計算書を分析する目的は、**その会社の財務基盤がどういう状態なのか、使った資金で十分な利益を生み出しているか**、を知ることなのです。

■ ドラッカーの考え

　ところで、2つ目の目的である「十分な報酬を得ること」（利益の獲得）は会社の目的ではないといい切る学者がいます。P・F・ドラッカーです。ドラッカーは、利益獲得は会社の「目的」ではなく「前提」であると考え、会社にとって利益が必要とされる理由をこう説明します。

　「企業にとって第一の責任は、存続することである。利益の最大化が会社活動の動機であるか否かは定かではない。これに対し、未来のリスクを賄うための利益、事業の存続を可能とし、富を生み出す資源の能力を維持するための最低限度の利益をあげることは、企業にとって絶対の条件である」（『現代の経営』上田惇生訳、ダイヤモンド社、2006年）

　利益の獲得を目的として経営した場合、どのような事態が待ち構えているのでしょうか。

　「事業の目標として利益を強調することは、事業の存続を危うくするところまでマネジメントを誤らせる。今日の利益のために明日を犠牲にする。売りやすい製品に力を入れ、明日のための製品をないがし

ろにする。（中略）そして何よりも資本収益率の足を引っ張る投資を避ける。そのため、設備は危険なほどに老朽化する。いい換えるならば、最も拙劣なマネジメントを行うように仕向けられる」（『現代の経営』上田惇生訳、ダイヤモンド社、2006年）

　お金が回り続けなくては、会社は存続できない。存続できなければ、会社は使命を果たすことができない。したがって、利益（ここで述べられている利益は「儲け」と同義）は、会社が存続するための前提だと考えるわけです。つまり、使った資金（現金）に対して、十分な利益（儲け）を乗せて現金として回収しなくては、次の材料仕入れ、人件費や経費の支払い、そして将来に向けての設備投資ができなくなる。だから利益（儲け）を獲得することは、会社活動の「目的」ではなく、「前提」に過ぎないというのです。

　このように「利益は会社活動の前提」と考えると、経営分析の目的はよりクリアになります。すなわち、分析対象会社が、健全な財務状態を維持しながら、将来にわたって存続するために必要な利益（儲け）を上げているかを見極めることです。

　なお、近年、財務諸表に「キャッシュフロー計算書」が追加されたことによって、会社の財務の健全性と利益の獲得能力が、よりわかりやすくなりました。

■■ 2つの分析対象——他社と自社

　経営分析には、他社を対象とする「**外部分析**」と、自社を対象とする「**内部分析**」があります。

◆外部分析

　他社が公表する財務諸表を分析するのが「外部分析」です。具体的には、取引先や投資先の信用を調査したり、あるいは、株式投資をする場合に行なう分析です。あくまで他社が公表した財務諸表ですから、

数字の根拠までさかのぼって調査することはできませんし、特別な理由がなければ、決算内容について質問することもできません。ここが、外部分析のむずかしい点です。

　ちなみに、分析対象の財務諸表には、公認会計士の監査を受けたものと、そうではないものがあります。監査済みではない場合、数字の信頼性（質）が劣ることはいうまでもありません。

◆内部分析

　もう1つは、自社の財務諸表を対象とする「内部分析」です。他社の財務諸表から入手できる会計情報には限界がありますが、自社の場合は、制約はありません。

　どういうことかというと、公表される他社の財務諸表は会計ルールに従って作成した、いわば要約データですから、それぞれの科目の中身まではわかりません。たとえば、売上高のトータル金額はわかっても、どの製品をどれだけ、いくらで売ったのかはわかりません。

　一方、自社の財務諸表は勘定科目ごとの詳細データまでさかのぼれます。したがって、財務諸表の数字から異常点が見つかれば、それを突破口にして売上データ、原価データなどの詳細な「会計データ」、さらには、これら会計データの元になっている「非財務データ（物量データ、時間データ）」までさかのぼって原因を分析することができます。責任者や担当者にヒアリングもできます。とはいえ、社内のデータが整っていることが前提であることはいうまでもありません。

　本書では、主として外部分析（必要に応じて内部分析）について説明していきます。

財務諸表には限界がある

アナログ的な情報を提供していることに注目する

　財務諸表は、会社の実態を知る強力な情報源です。しかしながら、監査済みの財務諸表であっても、鵜呑みにするのはたいへん危険です。なぜなら、財務諸表そのものに次のような限界があるからです。

■■ 財務諸表の５つの限界

◆非財務情報が表示されない

　第一に、財務諸表には貨幣価値に置き換えられない情報、たとえば、会社の従業員の資質、取り扱い製品の優劣、会社が保有する特許権やノウハウなどの**非財務情報は表現されません**。会社の価値の大きさに重大な影響を与えているのですから、理想的には、それらがもたらす価値を金額に置き換えて貸借対照表に載せるべきです。

　しかし、技術的にむずかしく、現在の会計基準ではオフバランス（簿外）として扱われています。経営分析をする際には、この点を留意する必要があります。

◆会計基準に基づく情報であり、事実ではない

　第二に、**財務諸表はあらかじめ決められた「会計基準」に基づいて表現した会社の姿であって、事実を表わしているわけではありません**。自動車を売っても、野菜を売っても、無形のサービスを売っても、同じ売上です。また、トヨタ自動車も、町工場も、ともに貸借対照表と損益計算書とキャッシュフロー計算書によって会社の実態を表現します。したがって、「財務諸表は会社を大づかみにするための情報である」と割り切ることが大切です。

◆過去の一時点あるいは一定期間を表わしたもの

　第三に、ビジネスは毎日繰り返される活動なのに、**財務諸表は過去の一時点、あるいは一期間の結果をまとめて表現した「静止画」に過ぎません**。しかも、ビジネスの流れを、１年とか四半期で輪切りにして表わしたものです。

　ところが、ビジネスは、一定のサイクルを繰り返しながら、将来に向かって途切れることなく、動き続けています。しかも、ビジネスサイクルは業種によってまちまちです。たとえば、アパレル会社は春、梅春、夏の３シーズンで商売しています（つまり、ワンサイクル４か月から６か月）。自動車のモデルチェンジはおおむね４年ですし、半導体製造会社は、製造開始から検収までに２年近い歳月がかかります。林業にいたっては、植林から伐採まで50年周期です。

　ところが、財務諸表には、ビジネスが１年間で一巡するかのごとく表現されます。このことが、財務諸表の読者に誤解をもたらすことになります。したがって、単年度でビジネスの実態を判断するのは危険で、少なくとも３年から10年の財務データを時系列に並べて、その推移をつかむことが大切です。

◆会計基準が１つではない

　第四に、**会計基準が１つではない**ことです。会社の業績は会計基準に則って表現されるものですから、同じ会社の同じ期間の業績であっても、採用する基準によって表現される結果は変わります。「国際財務報告基準（IFRS）を採用したら利益が100億円減った」という話は珍しくありません。

　また、国によって会計基準は異なりますから、たとえば、日本とアメリカとドイツと韓国に子会社を持つ会社が、それぞれの国の会計基準で作成した子会社の財務諸表を単純に比較すべきではありません。

◆業務データと切り離されている

　第五に、**財務諸表は要約データであり、構成要素に分解できないこ**とです。先にも触れましたが、たとえば、売上高を100万円とした場合、その要素は種類別の商品とそれぞれの単価から構成されているのに、複式簿記では仕訳までしかさかのぼることができません。このことは、財務諸表が業務データと切り離されていることを意味しています。会社の実態を正確に表現しているとは限らない、ということです。

●財務諸表の限界

①貨幣価値に置き換えられない非財務情報は表現されない
②会計基準に基づく情報であって、事実を表わしているわけではない
③過去の一時点、または一期間の結果を表現した「静止画」に過ぎない
④採用する会計基準によって結果が変わる
⑤要約データであり、構成要素に分解できない

　以上、財務諸表の5つの限界についてお話ししましたが、注意していただきたいことは、これらの限界は経営分析そのものを否定するものではない、ということです。

　財務諸表の特長は、会計を使って会社を表現することで、膨大なデータだけではつかむことができない、アナログ的な情報を提供していることに注目すべきです。たとえていえば、**絵画が写真よりも伝える力を持つように、詳細なデータより、要約された会計数値のほうが会社の実態を端的に表現できる**、ということです。

　では早速、経営分析がどのようなものか、まずは簡単な例を挙げて説明することにしましょう。

【Case】どちらの息子に跡を継がせるか?

数字の見方によって評価は変わる

■■ 片山さんの悩み

輸入雑貨店を経営する片山さんは、二人の息子のうち、どちらに跡を継がせようかと、悩んでいます。人生をかけて育てた会社ですから、息子に譲った途端に倒産といった事態は是が非でも避けたい。

そこで片山さんは、経営センスを確かめるため、二人に1,000万円ずつ出資して起業をさせることにしました。1,000万円は大金ですが、商売を立ち上げる額としては十分ではありません。

そこで、長男の太郎君は400万円、次男の次郎君は2,000万円を銀行から借りることにしました。設立後、二人の会社は順調に業績を伸ばしました。そして、1年経った今日、太郎君と次郎君は会社の「損益計算書」と「貸借対照表」を持ち寄って、父親の家に集まりました。

●太郎君と次郎君との比較

損益計算書

(単位:万円)

	太郎	次郎
売上高	2,800	3,500
費用	2,000	2,200
利益	800	1,300
売上利益率	29%	37%

貸借対照表

(単位:万円)

	太郎	次郎
流動資産	1,800	3,300
固定資産	400	1,000
資産計	2,200	4,300
借入金	400	2,000
資本金	1,000	1,000
利益	800	1,300
資産負債計	2,200	4,300

■■ 利益、借入金、利益率に注目すると…

「さすがわが息子」

片山さんは損益計算書を眺めて目を細めました。二人とも片山さんが予想した以上の利益を出していたからです。では、どちらが、跡取りにふさわしいか。

最初、片山さんは次郎君のほうが勝っていると考えました。何しろ、利益額も利益率も太郎君の会社を圧倒しているからです。しかも、出資した金額は1,000万円と同じなのに、太郎君が800万円の利益を出しているのに対して、次郎君は1,300万円と1.5倍の利益を上げています。

ところが、ふと不安がよぎりました。**次郎君は太郎君の5倍も借金を抱えていること**です。今後、37％の利益率が続けば難なく返せる額です。でも、この高利益率は一時的かもしれません。とりわけ片山さんが心配したのは、銀行から資金を借り入れて会社を大きくしよう、とする次郎君の経営に対する姿勢でした。

借入金の額が大きくなれば、それだけ商売に使えるお金は増えますから、思い切ったビジネスが展開できます。ところが、借金の返済と利息の支払いは、会社の利益（儲け）で行なわなくてはなりません。しかも、返済額と利息は契約で決まっており、業績とは無関係に強制的に毎月、銀行口座から引き落とされます。

次郎君の会社は商売がうまくいっているため、元金の返済に問題はなさそうです。しかし、ビジネスがうまくいかなくなったら、元金の返済も利息の支払いも借金で行なうことになり、その結果、会社の現金は底をつき、破綻するかもしれません。

つまり、借金に依存した次郎君の経営手法は、業績が悪くなると、たちどころに経営の足を引っ張るのです。

■■ 資金を効果的に使っていたのは？

（おそらくあいつの性格からして、借金を繰り返すだろう）
と、片山さんは考えました。

　一方、太郎君の会社の利益率は29％です。次郎君と比べて利益率は低い。しかし、総額2,200万円の資金（貸借対照表の資産総額）を使って800万円の利益を上げています。つまり、総資産に対する利益率は36％（800÷2,200）です。

　これに対して、次郎君は4,300万円使って1,300万円ですから、総資産に対する利益率は30％です。つまり、会社経営の側に立てば、太郎君のほうが効果的に資金を使っている、ということです。したがって、太郎君のほうが経営者には向いている、とも考えられます。

　とはいえ、借入金をテコにして一気に利益を増やした次郎君の才能も、認めないわけにはいかない。見方によって評価が変わるのです。どちらを後継者にすべきか──。片山さんは、ますますわからなくってしまいました。

財務諸表の構造を押さえよう

財務三表がどのように結びついているのかを理解することが大切

　みなさんは、片山さんが最終的にどちらを後継者に選んだと思いますか。学校のテストのような正解があるわけではありません。答えはいくつもあります。経営分析の結果を、みなさんがどのような価値基準で判断するかによって答えが異なるからです。何を重視するかによって、答えは変わってきます。

　いずれにせよ、分析対象は財務諸表ですから、詳しい勉強を始める前に、財務諸表をさらっと見ていくことにしましょう。

■■ 財務三表は密接に関連し合っている

　財務諸表 *1 のうち、**貸借対照表、損益計算書、キャッシュフロー計算書**、は「**財務三表**」と呼ばれています。これらは独立しているのではなく、すべてが、完璧に結びついています。経営分析をするうえで、この三表がどのように結びついているのかを理解することが大切です。

　財務三表は、**ある一時点の資産と負債と純資産（資本）を一表にまとめた「貸借対照表」と、ある時点から次のある時点までの収益活動の結果を表わす「損益計算書」、そして、同じ期間の現金預金の増減を表わしたのが「キャッシュフロー計算書」**です。

　なぜ、期間を区切ってこれらの財務諸表を作成するのでしょうか。この理由を考えていきましょう。

　会社をつぶさないことが経営者の使命です。つぶれないから従業員たちは安心して仕事に打ち込めるわけです。会計は、会社はつぶれるかもしれないではなく、将来にわたって続くもの、との前提に立って理論が構築されています。とはいえ、これではいつまでたっても業績

は確定しません。そこで、人為的（制度的）に１年間で期間を区切って、決算を行ないます。

■■ 財務三表の特徴は？

次に、それぞれの財務諸表について、簡単に説明しましょう。

１年ごとの区切りの時点における「**資産**」と「**負債**」と、これらの差額である「**純資産**」の状態を表わしたものが「貸借対照表（バランスシート）」です。

区切られた期間における「**収益**（主として売上）」と「**費用**」とその差額の「**利益**」を表わすのが「損益計算書」。

そして、**その期間の現金預金の動きを表わすものが**「キャッシュフロー計算書」です。

「貸借対照表」は、会社の財政状態を表わしています。会社の目的をひと言でいえば、ビジネスを通じて「お金を使って、お金を増やす」ことです。貸借対照表の右側には「どこからお金を調達してきたか」を、左側は「そのお金をどのように運用しているか」を表わしています。

「損益計算書」は、貸借対照表の利益剰余金の増減を表わした財務諸表です。すなわち、一定期間（たとえば１年間）で増加した利益剰余金が収益（売上）、減少した利益剰余金が費用、そして、その結果が利益です。

「キャッシュフロー計算書」は、現金[2]が１年間で増減した理由を可視化する財務諸表です。

---

[1]　財務諸表にはこのほか株主資本等変動計算書がふくまれますが、経営分析は主に財務三表を使って行ないます。

[2]　日常生活では、現金は財布に入っている紙幣と硬貨のことを指します。しかし会計では、手持ちの現金のほか、当座小切手、銀行預金、郵便貯金など、直ちに支払手段となる貨幣を総称して「現金（キャッシュ）」と表現します。これから学ぶキャッシュフロー計算書のキャッシュも同様に、この広義の現金を意味します。

「利益は意見（Cash is an opinion）」といわれるように、損益計算書には経営者の意思が反映されます。しかも、適用する基準によって利益の額は変化します。

一方、現金の収支は預金通帳にはっきりと印字されますから経営者の意思は反映されません。資金繰りに追われている会社の経営者が、いくら「うちは儲かっているんだ」と声高に叫んでも、決済できなければ会社は倒産します。「現金は現実（Cash is a fact）」といわれるのは、まさに至言です。

以上からおわかりのように、財務三表の中心は貸借対照表であり、損益計算書とキャッシュフロー計算書は、貸借対照表を補完するための財務情報であり、損益計算書よりもキャッシュフロー計算書のほうが、会社の現実を表現しているということができます。

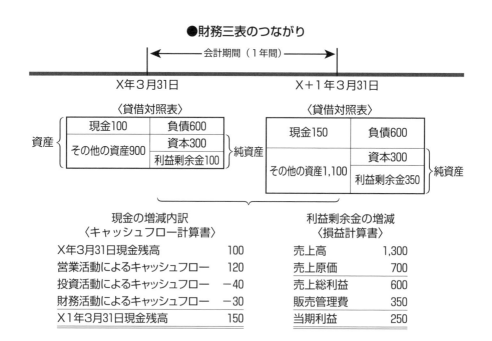

●財務三表のつながり

現金の増減内訳〈キャッシュフロー計算書〉		利益剰余金の増減〈損益計算書〉	
X年3月31日現金残高	100	売上高	1,300
営業活動によるキャッシュフロー	120	売上原価	700
投資活動によるキャッシュフロー	−40	売上総利益	600
財務活動によるキャッシュフロー	−30	販売管理費	350
X1年3月31日現金残高	150	当期利益	250

貸借対照表（B／S）分析

——基礎がしっかりしていない建物は長持ちしない

貸借対照表（B/S）とは？

資金構造を可視化するために作成する

▟▟ 貸借対照表分析の目的は2つある

　貸借対照表（B/S）から、どのような情報を読み解くのか──。これが、本章で扱う「貸借対照表分析」のテーマです。

　すでに説明しましたが、貸借対照表は財務三表の中心的存在で、しかも三表は有機的に結びついていますから、貸借対照表を分析する際に損益計算書やキャッシュフロー計算書と合わせることでより深い分析が可能になります。

　会社は財務基盤のうえでビジネスを行なっていますから、貸借対照表分析の目的は次の2つです。

　1．会社の財務的健全性、あるいは安定性を確かめること
　2．運用した資金を有効に活用しているかを確かめること

　分析方法を勉強する前に、貸借対照表がどのような構造になっているかについて、改めて見ていくことにしましょう。

▟▟ 貸借対照表の構造を振り返ろう

　繰り返しになりますが、貸借対照表は、決算日における会社の財政状態を表わした報告書のことで、**決算日時点の資産が左側（借方）に、負債と株主資本（自己資本）が右側（貸方）**に記載されます。

　左右の合計金額は常に均衡することから、「バランスシート」と呼ばれます。バランスするように金額を調整するのではなく、計算にミスがなければ、左右の金額は自動的にバランスする優れものなのです。

　ところで、企業会計原則（第三の一）には「貸借対照表は、会社の財政状態を明らかにするため、貸借対照表日におけるすべての資産、負債及び資本を記載し、株主、債権者その他の利害関係者にこれを正しく表示するものでなければならない」と定めています。

　ここでいう「貸借対照表日」とは、会計年度の最終日（期末日）、月次決算ならば月末日のことです。

　すでに学んだように、会社のビジネスは1年間で一巡するわけではありません。会社によってビジネスサイクルは1年未満であったり、1年を超えたりしています。

　しかしながら、制度として行なわれる会計は、すべての会社に対して1年をワンサイクルとして決算を行なうこととしています。そして、会計期間が切り替わるごとに、期末日における「資産」、「負債」及び「株主資本」の金額を勘定科目別に貸借対照表に記載することになっています。

●貸借対照表

借方　　資本の運用		貸方　　資本の調達		
流動資産	現金預金	流動負債	買掛金	他人資本
	売掛金		短期借入金	
	棚卸資産	固定負債	長期借入金	
固定資産	有形固定資産		社債	
	無形固定資産	株主資本	資本金・資本剰余金	自己資本
	投資		利益剰余金	
合　計		合　計		

■■ 貸借対照表を作成する目的

　では、どのような目的で貸借対照表を作成するのでしょうか。会社の価値を表現するため、会計期間にまたがる損益計算書を連結させるためとか、いろいろな見解があります。

先に触れた企業会計原則には、「財政状態を明らかにする」ためと書かれています。ここでいう財政状態[*3]とは**資金（現金）の収支の**ことですから、**貸借対照表は資金の流れを可視化するために作成する**ということになります。

■■ 資金とは何か？

ビジネスで必要な元手である現金が「**資金**」です。資金のうち、商品の仕入、家賃、電気代、従業員の給料などの支払い、借入金の利息の支払い等に必要な資金を「**運転資金**」、また会社の機械を購入したり、建物を増改築したりするために必要な資金を「**設備資金**」といいます。

このうち、運転資金は商品や製品の販売代金でまかなわれることになりますが、通常、出金は入金に先行しますから、ビジネスには一定の元手が必要になります。このように、**ビジネスを回すために必要な現金**を運転資金といいます。

運転資金を運転資本と表現することがあります。両者を同義としてとらえる場合が多いようです。ただ、運転資金はビジネスに必要な現金を「動的」にとらえるニュアンスが、運転資本は「静止画的」なニュアンスがふくまれます。

運転資本 ＝（売上債権 ＋ 棚卸資産 ＋ その他の流動資産）
　　　　　 －（仕入債務 ＋ その他の流動負債）

■■ 資本とは何か？

経営分析をする場合、「**資本（capital）**」は次のようにさまざまな

---

*3　一般に資金の調達・管理・支払いなどの経済活動を「財政」、財政に関する事務を「財務」といいます。しかしながら、経営分析では両者の違いは明確ではなく、ほぼ同義と考えています。本書では「財務」で統一して説明します。

意味で使われます。

1．資産と負債の差である事業所有者の資本所有権で、持分もしくは純資産（株主資本、自己資本）
2．取引先、銀行、債権者、株主から調達した資金
3．流動資産と流動負債の差（正味運転資本）
4．通常の事業のなかでは売買されないような長期保有資産、機械、設備、建築物、土地のような有形固定資産、さらに無形固定資産（資産）
5．会社が保有する資産総額

　会計を勉強したばかりの人は、資本というと、ついつい貸借対照表の貸方（つまり「2」）だと思い込んでいるようです。しかしながら、会計が想定する資本（capital）は負債と株主資本だけでなく、資産も、正味運転資本もふくむ概念です。

■■ 注意すべき流動と固定の区分

　貸借対照表を学ぶうえで、もう1つ押さえておかなければならない概念があります。「流動」と「固定」の区分です。この意味は、**常に動いているか、一定期間固定しているか**、ということです。基準となる期間は、原則として1年ですが、1年と決まっているわけではありません。

　貸借対照表（31ページの図）では、資産と負債を大きく「流動」と「固定」に区分します。現金預金、受取手形、売掛金、棚卸資産、前払費用など、**おおむね1年以内に現金の収入をもたらす（現金になる）資産は「流動資産」**に分類します。

　また、支払手形、買掛金、未払金、短期借入金など、**1年以内に支出される（現金に変わって出ていく）負債が「流動負債」**です。

また、それ以外の資産と負債は「固定資産」、「固定負債」に分類されます。

■■ 貸借対照表の構造

貸借対照表の右側が**資本の調達元**、左側が**資本の運用先**を表わしています。つまり、資本をどこから調達してきて（負債、資本）、どのように使ったか（資産）を表現するためです。

●貸借対照表は、資本の調達元と運用先を表わしている

資本の運用先				資本の調達元			
流動資産	現金預金			流動負債	買掛金	仕入れ先	他人資本
	売掛金				短期借入金	銀行他	
	棚卸資産	←		固定負債	長期借入金	銀行他	
固定資産	有形固定資産				社債	社債権者	
	無形固定資産			株主資本	資本金・資本剰余金	株主	自己資本
	投資				利益剰余金	会社	
合　計				合　計			

経営分析を行なううえで、この理解は最重要です。

2-2 資本の調達元（負債と資本）を押さえよう

これらの性質は大きく異なる

■■ 他人資本と自己資本

貸借対照表の右側（貸方）は、「負債」と「自己資本」に区分されていて、ともに資金の調達元を表わしています。

負債は**取引先や金融機関などから調達した資本**で、これを「**他人資本**」といいます。もう1つの自己資本は、会社のオーナーである**株主が払い込んだ資本（資本金、資本剰余金）**、そして**会社が設立以来積み重ねてきた利益の総額（利益剰余金）**などです。

このように同じ資本でも、負債と資本とでは、その性質は大きく異なっています。他人資本はいずれ返さなくてはならないのに対して、自己資本にはその必要はありません。

したがって、たとえば店舗を購入する場合、自社の蓄え（自己資本*4）で行なうのと、銀行借入（他人資本）で行なうのとでは、経営に与える影響が大きく違ってきます。銀行借入で資金を調達した場合は、元金を返済しなくてはなりませんから、少なくとも元金相当分以上の税引後利益が必要となります*5。

■■ 負債（他人資本）の中身

◆ビジネスで生じる「営業債務」

「**営業債務**」は通常の営業活動で生じる債務の総称で、買掛金、支

---

*4　自社の蓄えと自己資本はイコールではありませんが、これが貸借対照表分析の1つの割り切りでもあります。
*5　正確にいえば、税引後利益ではなくフリーキャッシュフローが元金返済の原資です。詳しくは、キャッシュフロー計算書分析の第4章で説明します。

払手形、未払金、未払費用などです。

　私たちが買い物をする場合、代金はほとんど現金で支払います。ところが、会社間の取引では「ツケ」が前提です。

　では、レストランやデパートで「ツケ」が効かないのはなぜでしょうか。それは、**会社と取引相手との信頼関係が希薄**だからです。つまり、不特定多数の顧客を相手に商売しているレストランやデパートで、商品と引き替えに現金を要求するのは、相手を信用していないからです。一方、支払能力に問題がなく信用できる相手先とは、入金の時期を多少遅らせても、「ツケ」を前提とした信用取引を行なうことで、ビジネスがよどみなく行なえるようになります。

　商品代金を支払う側から見れば、ツケには代金の支払いを猶予してもらったのと同じ効果があります。たとえば、仕入先との契約で「当月末までに購入した商品代金を、翌月末に指定口座に振り込む」と決めた場合、支払代金は1か月以上、猶予されることになります。さらにまた「当月末までに購入した商品代金を、翌月末に手形で支払う」とした場合、実際に支払代金が預金口座から引き落とされる日は、その手形サイトの分だけ先に伸びることになります。

　このことから、買掛金や支払手形の金額が大きい会社に対して2つの見方ができます。1つは、「資金繰りが苦しい」という見方です。もう1つは、「代金支払いを引き延ばすことで資金繰りに余裕をもたせている」という見方です。さて、どちらが正しいのでしょうか。本書を読み終えたときには、はっきりと理解できているはずです。

◆有利子負債の意味

　「**有利子負債**」は、銀行借入や社債などのように、借入期間に応じて利息がつく負債です。

　有利子負債は元金の返済と利息の支払いをともないますから、たとえば法人税率を30％とした場合、1億円の借金返済と1,000万円の利

息を支払うためには、1億5,286万円[*6]以上の「営業利益」が必要になります。借金で投資する場合、「利息を支払うだけの利益では足りない」ということです。

◆会計独自の負債

「**会計独自の負債**」は法律上の債務ではありませんが、実質的に将来、現金支出をもたらすもので、会社の状態を判断するうえで重要な情報を提供してくれる負債です。たとえば、修繕引当金、繰延税金負債、リース債務などがあります。

　負債をまとめると次のようになります。

- ●ビジネスサイクルのなかで生じる買掛金、支払手形、未払金
- ●利息をともなう有利子負債
- ●会計独自の負債

■■ 流動負債と固定負債の分類

　負債の部は、買掛金や支払手形、未払金、一時的な預り金、短期的な銀行借入など、おおむね1年以内に現金が支出される「**流動負債**」、そして、1年を超えて返済期限が到来する銀行借入や社債などの「**固定負債**」に分けて表示します。

■■ 純資産の中身

　もう1つの調達資金が、**資産から負債を差し引いた**「**純資産**」です。これは、株主によって払い込まれた資本金、資本剰余金、株式の払い戻しに相当する自己株式、資金を運用して得た利益の累計（利益剰余

[*6]　必要営業利益（1億5,286万円）＝1億円÷0.7＋1,000万円

金）から構成される「**株主資本**」と、その他有価証券評価差額金、繰越ヘッジ損益、土地再評価差額金、評価・換算差額等の合計である「**自己資本**」、そして新株予約権から構成されます。

　上場している会社の場合、純資産と自己資本と株主資本は異なります。しかし、ほとんどの中小企業の資本は株主資本とその他有価証券評価差額金ですから、純資産と自己資本は、同義と見なすことができます。本書では、「自己資本＝純資産」として説明していきます。

●純資産の中身

株主資本、自己資本、純資産				
1．株主資本	資本金	株主資本	自己資本	純資産
	資本剰余金			
	利益剰余金			
	自己株式			
2．評価・換算差額等	その他有価証券評価差額金			
	繰越ヘッジ利益			
	為替換算調整勘定			
3．新株予約権	新株予約権			

　一般に**内部留保**と呼ばれているのは「利益剰余金」です。これは、会社を設立して現在までに獲得した利益の累計金額を表わしています。
　ここで注意したいのは、これは計算上の利益の累計であって、預金が積み上がっているわけではない点です。商品になっているかもしれないし、建物に形を変えているかもしれません。「内部留保を取り崩して従業員に分配せよ」といった声を耳にすることがありますが、分配したくてもできないのです。

2-3 資本の運用先（資産）を押さえよう

資産には、固定資産と流動資産がある

　次は、貸借対照表の左側（借方）の「**資産**」です。これは、調達した資本がどのように運用されているかを表わしています。

　資本を運用する目的は、**より多くの価値（利益）を創造して、より多くの現金を増やすこと**にあります。そのために、資本はビジネスサイクル（つまり付加価値活動）を支える「**固定資産**」と、ビジネスサイクルのさなかにある材料、仕掛品、製品受取手形、売掛金などの「**流動資産**」として運用されます。

■■ 資産の部

　もう少し詳しく資産の中身を見ていきましょう。

　貸借対照表の資産の部は、表面的には、ただ勘定科目を並べているように見えます。そうではなく、会社の実態を大づかみにする工夫がされていることを知っておいてください。

　先に触れた**ビジネスサイクルにある資産（流動資産）**と**ビジネスを支えるための資産（固定資産）**です。

●流動資産と固定資産

資本の運用先		
流動資産	現金預金	ビジネスサイクルの断面
	受取手形	
	売掛金	
	棚卸資産	
固定資産	有形固定資産	ビジネスの基盤
	無形固定資産	
	投資その他の資産	

■■ ビジネスサイクルで押さえること

メーカーを例に挙げれば、会社は元手の資金（現金）で材料を買い、これを工場で加工して（仕掛品）、製品をつくり、顧客に販売して製品を売掛金に変え、売掛金を現金として回収しています。この一連の流れが「ビジネスサイクル」（会計では「営業循環過程」）です。

具体的に、ベーカリーに置き換えてみましょう。

現金（投下）→ 材料（小麦）→ 仕掛品（練り・焼き）
→ 製品（パン）→ 売掛金（販売）→ 現金（回収）

ビジネスサイクルの両端が、「現金」となっていることに気づきましたか。ビジネスサイクルの起点は現金で、ビジネスサイクルに投下された現金が、さまざまな姿に形を変えて、前より多額の現金になって再び会社に戻る。つまり、材料などの棚卸資産や売掛金は、**現金の仮の姿**なのです。

会計を学んでいると、ついつい棚卸資産や売掛金が現金の仮の姿であることを忘れてしまいがちです。「倉庫に眠っている在庫商品を『一万円札の束だ』といわれてもピンとこない。売上を増やすだけに熱心で、代金回収は人ごとのように考えている」――。このような会社は例外なく棚卸資産や売掛金が多く、資金繰りの問題を抱えています。

なお、ビジネスサイクルを支えるのが「固定資産」ですが、これもまた現金の仮の姿です。詳しくは2-5（47ページ）で説明します。

●資金の流れ

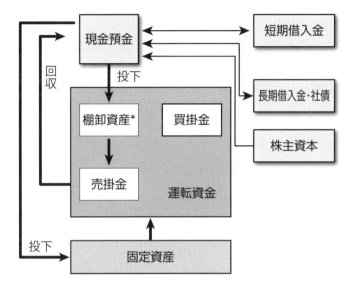

＊棚卸資産…材料、仕掛品、製品、商品

流動資産とは？

現金と近い将来、現金に変わるはずの資産

▓▓ 流動資産の種類

「流動資産」には、ビジネスサイクル内にある現金預金、売上債権（受取手形・売掛金）、棚卸資産のほかに、現金を一時的に運用している短期有価証券、その他の流動資産があります。

すべてが現金あるいは現金の仮の姿であり、近い将来に現金に形を変えるはずの資産です[7]。それぞれについて見ていきましょう。

●流動資産

流動資産
現金及び預金
有価証券
売上債権（受取手形及び売掛金）
棚卸資産
その他の流動資産

▓▓ 現金預金（現金及び預金）の多寡で判断するのは危険

「現金預金（現金及び預金）」は、決算期末現在に会社が保有している現金、当座小切手、銀行預金、郵便貯金の合計金額です。

銀行預金には、当座預金、普通預金、定期預金などがあります。定期預金のうち、満期日までの期間が1年を超えるものは、期日までは

---

[7] 「現金に形を変えるはず」と曖昧な表現をしたのには理由があります。それは、売掛金や棚卸資産が現金化する保証がないからです。経営分析をする際には、こうして疑ってかかることも大切です。

解約できず支払手段として使えませんから、流動資産には入れず「固定資産」に計上します。

　現金預金が多い会社は、少ない会社より「儲かっている」と思われがちです。

　注意すべきは、現金預金の多寡で会社を判断するのは危険ということです。なぜなら、「お金には色がつかない」からです。

　業績不振のために銀行からお金を借り入れた直後は、現金預金は大きくふくらみます。手持ち有価証券、土地、建物などの固定資産を売っても現金預金は増えます。逆に、ビジネス規模が拡大する局面では、仕入れや人件費などが増えますから、現金預金は減少します。

　大切なことは、**決算時点の現金預金の額ではなく、ビジネスプロセスで新たな現金が生み出されているか**、ということです。この情報は、貸借対照表やキャッシュフロー計算書を学ぶことで読み取ることができるようになります。

▪▪ 有価証券の種類

　「**有価証券**」には、国債証券、地方債証券、株式、社債券、証券投資信託受益証券、貸付信託受益証券などがあります。

　このうち、短期的な売買目的で保有する有価証券は、「流動資産」に計上されます。長期に保有する目的で投資した株式や、現金化がむずかしい市場性のない株式や社債券は、流動資産ではありません。

▪▪ 売上債権（受取手形及び売掛金）が多い会社は要注意

　商品や製品を販売した対価として受け取る受取手形や売掛金などを、「**売上債権**」といいます。売上債権は、得意先と約束した日に現金になる債権です。

　売上から代金回収までの手順は、受注→取引先への商品引渡し→請求書発行→取引条件に基づく売上代金の回収です。会社が商品を引き

渡して代金が回収されるまでの間、未回収の売上代金は、売掛金として帳簿に計上します。

　銀行振込みの代わりに「手形」を受け取ることがあります。会社は受取手形として処理しますが、これは代金回収ではなく、回収期日の先延ばしです。したがって、受取手形が多い会社ほど資金繰りは厳しくなります。

　受け取った手形を銀行で割り引いて現金化する場合があります。これを「**割引手形**」といいます。

　これは、受け取った手形を担保にして銀行から借り入れるのと同じで、売掛金を現金回収したわけではありません。割引手形が不渡りになった場合、銀行に対して割引金額（つまり借入金）を返済しなくてはならないのは、このような理由によるものです。

　したがって、売上債権の総額には、売掛金と受取手形だけでなく、割引手形も加えて計算します。

売上債権 ＝ 売掛金 ＋ 受取手形 ＋ 割引手形

　売上債権が多いとは、それだけ運転資金がビジネスサイクル内で滞留している状態を意味します。

　経営分析をするうえで、売上債権が多い会社は要注意です。不用意に大口注文を受けてしまい、資金繰りに四苦八苦しているかもしれません。あるいは、不良債権を抱え込んでいるかもしれません。

　とりわけ、受取手形と売掛金が何年も増え続けている会社は、不良債権や架空債権が紛れ込んでいる可能性があります。

■■ 棚卸資産(ビジネスサイクル内の資産)で留意すべきこと

「**棚卸資産**」は、原材料、仕掛品、半製品、製品、商品など、生産や販売を目的として保有する資産のことで、一般に「**在庫**」と呼ばれます。

不動産業では、販売目的の土地や建物も棚卸資産です。また、システム開発会社の棚卸資産は開発中のプログラムであり、その大半は、目に見えない無形の人件費や経費です。

棚卸資産を分析するうえで留意すべき点は、**会社が在庫を持ちすぎていないか**という点です。在庫が多ければ、それだけ運転資金が増えてしまい、現金が会社内に滞っているからです。必然的に資金繰りが苦しくなります。それでも在庫が売れているうちはよいのですが、長期間滞留したままの状態が続くとなると、事は重大です。

季節の変わり目になると、アパレル業界が一斉にバーゲンセールを始めるのは、製品に使った現金を、少しでも多く回収するためです。流行に左右される季節ものですから、タイミングを逸すると二束三文で投げ売りせざるを得なくなります。

◆20億円の不良在庫と50万円の現金

以前、こんなことがありました。20億円の不良在庫を抱えていた大手メーカーの役員会にコンサルタントとして出席したときのことです。

毎月繰り返される話題にうんざりなのか、一向に減らないこの在庫に関心を示す人は皆無でした。ほとんど惰性で過剰在庫が繰り返されていることは、誰の目にも明らかでした。

そんなある日、一本の電話で会議室は大騒ぎになりました。営業所に泥棒が入り、50万円盗まれたという連絡でした。一段落して話題が在庫に変わった途端、役員たちはいつものうんざりとした表情に戻ったのです。大企業の役員でさえ、20億円の不良在庫より、50万円の現

金のほうが大切だったのです。

いうまでもないことですが、在庫は悪ではありません。鉄鋼業や精密機械製造業などのように、在庫を抱えなければビジネスが回らない業種もあります。問題は「在庫の回転スピード」です。詳しくは、第5章のキャッシュフローの動態的分析で説明します。

■■ その他の流動資産とは？

短期貸付金、未収入金、前渡金、前払費用、仮払金、立替金などです。これらのうち、金額が少ない科目はまとめて「その他の流動資産」として表示します。

固定資産（ビジネスの基盤）とは？

有形固定資産、無形固定資産、投資その他の資産がある

「固定資産」は、建物、機械、車、土地など、**目に見える資産**（**有形固定資産**）、特許権など**目に見えない資産**（**無形固定資産**）、また子会社への出資や長期の貸付など、本業以外の**投資その他の資産**の３グループに分けられます。これらは利益獲得になくてはならない資産であり、いわば「現金製造機」にたとえることができます。

■■ 有形固定資産の分類

「有形固定資産」は、その属性に基づいて次のように分類されます。

●有形固定資産の種類

1　有形固定資産
(1)建物及び構築物
減価償却累計額
(2)器具備品及び運搬具
減価償却累計額
(3)土地
(4)建設仮勘定

(1)の「建物及び構築物」と(2)の「器具備品及び運搬具」は、使用、あるいは時間とともに価値が減少していく資産で、「**減価償却資産**」とも呼ばれます。

たとえば、機械装置は使用することによって機械装置そのものの価値を消費し、同時に製品という新たな価値を生み出します。５年使える1,000万円の機械は、５年間、製品という新たな価値を創造するために使われるということです。

そこで、会社は投資した1,000万円を5年間の費用に配分します。この手続きを「**減価償却**」といいます。

　減価償却の方法には、耐用年数に均等配分する「**①定額法**」と、一定の率をかけて計算する「**②定率法**」、使用量に応じて計算する「**③生産高比例法**」があります。

　定額法を採用した場合、毎年の減価償却額は一定ですが、定率法では最初のうちは減価償却費が多く、次第に減少します。使った現金を早く回収することを考えれば、節税効果も大きい定率法が有利です。しかし、この方法は製品原価を計算する場合は問題があります。生産高比例法は、使用量（自動車なら走行距離）に比例させて償却費を計算しますから、消費の実態をもっとも正確に表わすと考えられます。

　どの方法を採用するかによって、利益の額も変わりますから、経営分析をする際には、会社が採用する減価償却方法を確かめる必要があります。

　「**減価償却累計額**」は、すでに費用化した減価償却費の累計額です。購入したときに支払った金額から減価償却累計額を差し引いた金額が、この減価償却資産の帳簿上の価格（簿価）です。

　(3)の「土地」は、使用や時間とともに価値が減少するわけではありませんから、減価償却は行なわれません。(4)の「建設仮勘定」は、建設途中にある建物、構築物、機械装置などの有形固定資産に対する支出額を計上する仮の勘定です。建設工事が完了時に固定資産勘定に振り替えられます。まだ、ビジネスで使われていませんから、減価償却の対象にはなりません。

■■ 有形固定資産の留意点

　経営分析をする場合、一般的には有形固定資産の金額が大きく、次の点に注意する必要があります。

第一に、有形固定資産は付加価値活動の基盤ですから、**会社が競争に勝ち続けるには継続的な投資が不可欠**です。過少投資は経営の弱体化につながりますが、逆に過剰投資は会社の業績の足を引っ張りかねません。とはいえ、有形固定資産が少ないからといって、付加価値活動に問題があるわけではありません。アップル社のように、ファブレスといって工場を持たないメーカーが大成功をおさめている例もあります。新聞、雑誌、ニュースなどを勘案して、その会社の儲け方を理解したうえで判断することが大切です。

第二に、**有形固定資産（たとえば機械設備）の額が同じでも、会社によってもたらされる成果（利益）は同じではない**、ということです。せっかく購入した機械でも、使わなければ価値は生まれません。1日24時間稼働している機械と4時間しか稼働しない機械では、もたらされる成果は大きく違ってきます。

第三に、**減価償却費の計算方式**です。すでに説明したように、減価償却費の計算方法には、①定額法、②定率法、③生産高比例法などいくつも認められていますから、減価償却費はどれを採用するかで大きく異なってきます。

また、税法は減価償却資産の種類ごとに「法定耐用年数」を定めています。ところが、法定耐用年数と、実際に有効に使用できる「経済的使用可能予測期間」が同じとは限りません。

たとえば、半導体集積回路や半導体素子製造設備は高額な投資資金を必要とする一方で、法定耐用年数は5年と決められています。ところが現実は、技術進歩がめまぐるしく、経済的使用可能予測期間はもっと短くなることがあります。

反対に、ビールの製造装置の法定耐用年数は10年ですから、10年を超えて同じ設備を使い続ければ、減価償却費はゼロとなり、利益を押し上げます。

このような事情から、業績判断の利益として、**減価償却費を差し引く前の利益（EBITDA）**を用いることが合理的です（3-4参照のこと）。

　第四は、**建設仮勘定**です。これはいまだ建設途中の固定資産のことです。注意すべきは、この金額に建設には関係のない費用までふくめてしまうことです。その年に計上すべき費用を建設仮勘定にすれば、翌期以降の費用として先送りでき、その金額だけ利益を過大に見せることができます。建設仮勘定の金額が大きくなった年は、要注意です。

■■ 無形固定資産の分類

　「**無形固定資産**」は、目には見えないものの利益獲得に貢献している資産で、次の2種類から成ります。

●無形固定資産の種類

2　無形固定資産
(1)のれん
(2)その他

◆(1)のれん

　会社が別の会社を買収したとき、買収した会社の純資産価格[8]よりも高い代金で買収した場合、その超過分を「**のれん**」といいます。
　では、なぜ高い価格で会社を買うのかというと、その会社の信用、ネームバリュー、立地条件、技術力などによって、同業他社より利益率が高く、より多くの利益を生み出しているからです。
　とはいえ、のれん金額を正確に評価するのは簡単ではありません。わざと、のれん金額を高めに設定して代金を支払い、支払先を通じて不正に資金を流用することも可能ですから、高額なのれんが計上され

---

[8]　37〜38ページを参照してください。

ていたら注意が必要です。

なお、のれんの計上は外部から購入したものだけが認められていて、自社でつくり出した「自己創設のれん」の計上はできません。企業価値を評価するうえで、買い入れたのれんより、自己創設のれんのほうがはるかに大切なのですが、会計基準は計上を認めていないのです。つまり、**貸借対照表はその会社の知的資産価値を表現していない**、ということです。

◆(2)その他

このほかに特許権、著作権、商標権、実用新案権、借地権、購入あるいは製作した場合のソフトウェアがあります。「無形固定資産」の多い会社は、そうではない会社と比べて利益を生む力（収益力）が高いと判断できます。

■■ 投資その他の資産（本業以外での運用）の分類

●投資その他の資産の種類

3　投資その他の資産
(1)投資有価証券
(2)保証金
(3)その他

「**投資その他の資産**」には、次のような資産がふくまれます。

(1)　投資有価証券は会社の持ち合い株式や、関連会社の株式のほか、満期までの期間が1年以上の債券、市場での価格がない有価証券などです。

(2)　保証金は、会社が不動産の賃貸人に預ける保証金です。

(3)　ほかに長期貸付金、長期繰延税金資産などがあります。長期貸付

金は貸付金のうち、回収期限（返済期限）が決算日の翌日から１年を超えて到来するものです。また繰延税金資産は、税務上の課税所得が会計上の利益より多くなるときに生じる資産で、繰り延べ期間が１年を超えるものです。

「投資その他の資産」は本業への投資ではありませんから、本業の収益力を測定するときには、これらを除いて計算します。

「投資その他の資産」に計上される資産は、まったく利益を生まないものがふくまれることがあります。たとえば、長期間拘束される保証金、従業員の福利厚生施設、本社ビルなどです。経営分析をする際には、この点にも注意を払う必要があります。

■■ 繰延資産は何年間かに分けて費用計上する

　会計は、価値を消費した年度の費用として計上するのが原則です。ところが、費用としての効果が次期以降に表われると考えられるものについては、全額その年の費用とはせず、数年間に分けて費用として計上することがあります。これが「**繰延資産**」です。

　会計上の繰延資産には、創立費、開業費、開発費、株式交付費、社債等発行費の５つが認められており、原則として**任意償却**（いくら償却しても、そして、いつ償却してもよいこと）できます。費用の塊であるのにもかかわらず、支出の効果が将来にわたって及ぶという理由で、会計上、資産性を与えているものです。

　繰延資産は、固定資産のように実体があるわけではなく、本当にその効果が翌期以降にも及ぶかどうかはわかりません。

　費用とすべきものまで繰延資産に計上すれば、その額だけ利益が増えてしまいますから、繰延資産が多すぎる会社は要注意です。

■■ 知的資産経営を推進しているか？

特許、意匠、ノウハウといった「知的財産」だけではなく、組織力、顧客とのネットワーク、ブランド等の目に見えない資産をふくめて「**知的資産**」といいます。これは、会社の競争力の源泉となるものです。

会社に固有の知的資産を有効に活用して、成果につなげる経営を「**知的資産経営**」といいます。

知的資産は、技術力やノウハウだけではありません。たとえば、内視鏡で圧倒的なシェアを占めるオリンパスの強みは、ハードウェア技術の優位性だけでなく、故障対応、微妙な調整など医師へのこまやかなサポートにあります。人間関係やサービス力が「見えない資産」となり、同社の他社を寄せつけないシェアと収益力となって表われている、ということです。

経営分析をする際には、対象会社が知的資産をどのような形で生み出そうとしているのかを探ることが大切です。そのためには、常に意識しながら、新聞、テレビ、雑誌の情報に接することが大切です。

貸借対照表分析で使われる指標

▉▉ 細かな知識が必要な理由

貸借対照表の構造とその留意点をひととおり学びました。

読者のなかには、「経営分析を学ぶのに、こんな細かな知識が必要なのか」と、疑問を感じた人がいたかもしれません。

それは、医師が人体の構造を学んでいるからこそ診断を下せるのと同じ理由で、会社が抱える本質的課題を見抜くには、欠かせない知識だからです。つまり、会社の中身を理解しているからこそ、財務諸表を読み解けるのです。

▉▉ 安全性分析（健全性分析）と収益性分析

貸借対照表は、会社の資本の調達と運用を表わしていることから、貸借対照表分析は、大きく2つの目的で行なわれます。

1つは、**会社の資本の調達と運用がバランスよく健全に行なわれているか**。そして、いま1つは、**運用した資本が効率的に利益を上げているか**、です。

前者を財務の「**安全性分析**」（あるいは「**健全性分析**」）といいます。そして後者が「**収益性分析**」です。それぞれの分析に際して、次の指標が用いられます。

次節から、それぞれの指標の内容を見ていきましょう。

●資本の調達と運用のバランス

◆安全性分析（健全性分析）の指標

1. 当座比率（➡56ページ参照）

2. 流動比率（➡58ページ参照）

3. 固定比率（➡61ページ参照）

4. 固定長期適合率（➡62ページ参照）

5. 有利子負債比率（D／Eレシオ）（➡64ページ参照）

●運用した資本の収益性

◆収益性分析の指標

1. 投下資本利益率（ROI）（➡68ページ参照）

2. 総資産経常利益率（ROA）（➡69ページ参照）

3. 経営資本営業利益率（➡71ページ参照）

4. 使用総資本利益率（ROCE）（➡72ページ参照）

5. 投下資本利益率（ROIC）（➡73ページ参照）

財務の短期的安全性（健全性）分析

短期的な支払能力を判断するための指標

■■ 短期と長期の安全性

　財務の安全性（あるいは健全性）とは、**財務の状態、つまり資本の調達と運用のバランスが取れていて、不測の事態に遭遇してもそれを乗り越える資金的な備えがある**ということです。

　たとえば、取引先の財務の安全性に問題があれば、売上債権を回収できなくなるリスクが高くなります。このように財務の安全性分析は、**取引会社の支払能力を判断する**ときに用いられます。

　同時に、自社の財務の状態を判断する場合にも有効な分析手法です。経営者は収益性を追求しがちですが、会社の存続は安定的な財務基盤の上に成り立っていることを忘れてはいけません。

　安全性分析は、会社の短期的な支払能力を判断する「**短期的安全性**」と、「**長期的安全性**」とに区分されます。最初に、「短期的安全性」を説明します。

■■ 短期的安全性分析の目的

　会社が倒産するのは、資金（商売で使う現金）の流れが途切れて、代金の決済ができなくなるからです。短期的安全性分析は、**おおむね1年以内における決済能力を判断する**ために行なわれ、「**当座比率**」「**流動比率**」などの指標が用いられます。

■■ 当座比率で短期的な支払能力を見る

　当座資産を流動負債で割った値を「当座比率」といい、**会社の短期的な支払担保能力**を表わします。

$$当座比率 = \frac{当座資産}{流動負債}$$

「**当座資産**」は、現金預金、受取手形、売掛金、有価証券など、「**流動資産**」のなかで近い将来現金に変わる（つまり換金性の高い）資産のことです。また、「**流動負債**」は、近い将来確実に現金支出をともなう負債です。

当座比率が高い（つまり将来の収入が将来の支出より多い）ほど近い将来の支払能力が高く、短期的なリスクに備えるためには、当座比率は少なくとも100％以上を目指すべきとされています。しかし、この理屈は現実的ではありません。

●当座比率

貸借対照表

当座資産	現金預金	流動負債
	受取手形	
	売掛金	固定負債
	有価証券	
その他の流動資産		
固定資産		自己資本（純資産）

現実に当座比率が100％を超えていても、短期的支払い能力に問題を抱えている会社は少なくありません。理由はこうです。

第一に、**貸借対照表は決算期末の一時点の資産と負債（つまり資本の運用と調達の状態）を表現しているに過ぎない**からです。決算期末において、たまたま受取手形や売掛金が少なかったかもしれないし、借入金の返済に充てるために土地を売却した直後で預金が多かったかもしれません。

第二に、**当座資産の質**の問題です。

たとえば、支払い不能に陥っている相手先に対する売上債権がふくまれている場合を考えてみましょう。約束の日に現金が振り込まれないかもしれません。代金の回収ができなければ、今度は仕入代金が支払えなくなります。小切手や支払手形が決済できなくなるかもしれません。このように、受取手形や売掛金に不良債権が混じっていて代金が回収できない場合は、会社の存続に重大な影響を及ぼすことになりかねないのです。

単純に当座比率が100％を超えているからといって、その会社の支払能力が高いと判断するのは危険です。

■■ 流動比率の求め方

当座資産に棚卸資産を加えた「流動資産」を流動負債で割った値です。一般に「**流動比率**」が高いほど、会社の短期的な安全性が高いとされています。

$$\text{流動比率} \ = \ \frac{\text{流動資産}}{\text{流動負債}}$$

また、流動資産から流動負債を控除した金額を「**正味運転資本**」といいます。これは近い将来の現金収支差のことで、この金額が大きいほど短期的な安全性は高いとされています。

$$\text{正味運転資本} \ = \ \text{流動資産} \ - \ \text{流動負債}$$

●流動比率

貸借対照表

流動資産	現預金	流動負債
	受取手形	
	売掛金	
	有価証券	正味運転資本
	棚卸資産＊	
	その他の流動資産	

＊棚卸資産に注意

　しかしながら、流動資産の質を考慮した場合には、流動比率が高いとか、正味運転資本が大きいからといって、必ずしも支払能力が優れているとはいえないことに留意する必要があります。

　どちらの指標にも隠された前提があるからです。すなわち、流動資産はおおむね１年以内に現金収入をもたらし、流動負債はおおむね１年以内に現金支出をもたらすという前提です。したがって、不良在庫を抱えている会社の流動比率が高いからといって、短期的支払能力が優れているとはいえません。

◆棚卸資産に注意する

　流動比率を判断する場合、とりわけ注意が必要なのは**棚卸資産**です。

　材料や製品が、長期間ホコリをかぶったままの状態で倉庫に眠っていることは珍しくありません。こうした棚卸資産は、すぐには売れないでしょうし、仮に売れるにしても原価以上の価格で売れる保証はありません。まったく価値のない棚卸資産が混じっていることも考えられます。

　つまり、棚卸資産は近い将来販売するために保有する資産ですが、必ず現金になるとは限らないということです。

　不良資産が混じっていなくとも、棚卸資産を多く抱えることが経営

上問題となるのは、それが**資金繰りに直結する**からです。流動比率が高く、正味運転資本が大きいという意味は、必要以上に運転資金を使いすぎている、と考えるべきです。つまり、棚卸資産の多い会社は、むしろ短期的安全性は低いのです。

◆在庫が増える理由

では、なぜ在庫が増えるのでしょうか。理由の1つは、経営者が売上や利益を追うあまり、**売り損じをなくそうとする**からです。

たとえば、顧客から注文が入ったのに製品在庫がない、製品をつくりたいのに材料がないのでは、売り損じが出てしまいます。そこで、多めに仕入れ、多めに製造し、多めに製品在庫を抱えようとするのです。その結果、運転資金が多く必要になります。

2つ目の理由は、製造工程や物流に問題があるために、「材料倉庫→製造工程→製品倉庫→顧客」への流れが滞りがちになり、あちらこちらに**在庫が滞留してしまう**からです。

このように見てきますと、流動比率が高いほど安全性に優れている、などといえないことがわかります。流動資産の中身、とりわけ在庫の質が問題で、もしも多額の在庫が滞留すれば、運転資金不足をもたらし、借入金に頼ることになります。

■■ 短期安全性分析の盲点

当座比率、流動性比率分析は、決算時点における流動資産と流動負債の状況が1年中、変わらないという前提で分析しているわけです。

ところが、現実は違います。業績によって在庫金額は変わりますし、経営者は期末の在庫金額を意識的に抑えようとします。また、営業担当者は月末になると無理してでも売上を増やそうとします。

この点に留意して分析をすべきです。

財務の長期的安全性（健全性）分析

経営基盤の頑丈さを判断する指標

　短期的安全性が、いわば資金繰りの状態を判断する指標であるのに対して、「長期的安全性」は、その会社の**経営基盤の頑丈さを判断する指標**です。

　長期的安全性を判断する指標として、**固定比率、固定長期適合率、有利子負債比率（D/Eレシオ）、財務レバレッジ、自己資本比率**などがあります。

　会社を安定的に経営するためには、多少の景気変動にも動じない財務構造をつくり上げる必要があります。経営基盤の頑丈さは、貸借対照表の固定資産と固定負債及び（自己）資本と、その構成に表われますから、長期的安全性分析は、これらの構造とバランスを分析することに力点が置かれます。

■■ 固定比率の求め方

　固定資産を自己資本で割った値で、**固定資産に運用された資金のうち、どれだけが返済義務のない自己資本でまかなわれているか**を示す指標です。「**固定比率**」は、100％以内を達成すべきとされています。

$$固定比率（\%）= \frac{固定資産（A）}{自己資本（B）} \times 100 \quad （100\%以内）$$

●固定比率

貸借対照表

資本の運用	資本の調達
流動資産	流動負債
	固定負債
固定資産	自己資本

A{ 固定資産　自己資本 }B

固定資産の自己資本に対する割合

　固定資産投資は、長期的に利益を得るために行なわれます。したがって、固定資産に使われた資金は、長期間固定化されてしまいます。ところが、固定資産がそれに投資した資金を回収できるだけの利益をもたらすとは限りません。

　もしも、借入金だけで設備投資をしたものの、固定資産が利益を生まないとしたらどうでしょう。借金返済のための資金が不足して別の借入れを起こすか、最悪の場合、大切な資産を切り売りすることになりかねません。したがって、「投資は原則として自己資本以内で行なうべき」といえます。

　これが、固定比率100％以内の意味です。

　ここで注意していただきたいのは、固定比率もまた、一時点の自己資本の状態を表わしている「静止画」に過ぎない、ということです。また、資本金・資本剰余金、利益剰余金（内部留保）に相当する資金が、そのまま固定資産に使われているわけではありません。つまり、固定比率が100％以下だからといって、長期的財務基盤が安定しているとは一概にはいえないのです。

■■ 固定長期適合率とは？

　大規模の投資を行なう場合、自己資金でまかなえる会社は多くはあ

りません。そこで、借入れや社債といった「長期負債」によって資金を調達します。

　この際、長期間利用する固定資産の調達資金は、できれば返済の必要のない「自己資本」、それがむずかしければ返済期間が長期の「固定負債」で行なう必要があります。この関係を判断する指標が「**固定長期適合率**」で、固定資産を自己資本と固定負債の合計額で割って計算します。

$$固定長期適合率(\%) = \frac{固定資産（A）}{自己資本（B）+ 固定負債（C）} \times 100$$

●固定長期適合率

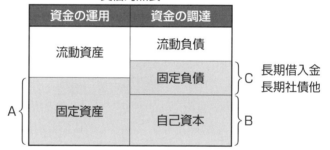

◆固定長期適合率を100％以下に抑える意味

　固定長期適合率が100％以上となった場合、足りない分は「短期借入金」が使われていることになります。しかしながら短期借入金は、すぐに返済期日がやってきますから、また新たな借入れが必要になります。その結果、会社は不安定な資金繰りを余儀なくされることになります。こうした理由から、安定的に経営を行なうには、少なくとも固定長期適合率は、100％以下に抑える必要があります。

■■ 有利子負債比率（D/Eレシオ）の求め方

　自己資本と有利子負債との比率を「**有利子負債比率**」といい、次のように計算します。

$$有利子負債比率 = \frac{有利子負債（A）}{自己資本（B）}$$

●有利子負債比率

貸借対照表

資金の運用	資金の調達
流動資産	流動負債
	有利子負債
固定資産	自己資本

短期借入金
長期借入金 } A
社債他

} B

　有利子負債は、金利をともなうすべての負債で、具体的には、銀行からの短期借入金や長期借入金、社債、コマーシャルペーパー、割引手形などがふくまれます。

　借りたお金は金利をつけて返さなくてはなりませんから、有利子負債比率が高い会社ほど財務的基盤は不安定で、不況に対する抵抗力が弱く、いったん金利が上昇すると、業績は一気に悪化します。

■■ 財務レバレッジを高めると、規模拡大の可能性は増加するが…

　「**財務レバレッジ**」は、総資本を自己資本に対してどのくらいの割合で調達しているのかを表わす指標です。

　銀行借入や社債発行などをレバレッジ（テコの意味）として、自己資本に対して何倍の資本を運用したかを示します。

$$財務レバレッジ = \frac{総資本（＝ 他人資本 ＋ 自己資本）}{自己資本}$$

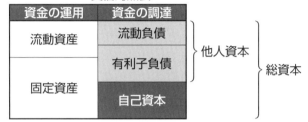

●財務レバレッジ

貸借対照表

資金の運用	資金の調達	
流動資産	流動負債	他人資本
固定資産	有利子負債	
	自己資本	

総資本

　財務レバレッジを高めて運用資本を増やすことで、事業規模の拡大につながる可能性は増加します。しかしながら、この比率が高くなりすぎると不況抵抗力が弱まり、景気変動や金利上昇のリスクが増大します。借入金で事業規模を拡大してきたダイエーがつまずいたのは、財務レバレッジに頼りすぎたからだといえます。

■■ 自己資本比率は財務レバレッジの逆数

　「**自己資本比率**」は、自己資本を総資本で割った値です。また、財務レバレッジの逆数でもあります。

$$自己資本比率 = \frac{自己資本}{総資本（＝ 他人資本 ＋ 自己資本）}$$

　すでに見てきたように、自己資本は第三者に返済する必要のない資本ですから、**この比率が高い会社ほど長期の安全性は高い**ということができます。

安全性分析の事例

日本航空は、いかに採算性を改善したのか？

　ここまでに説明した指標を用いて、実際に貸借対照表を分析してみましょう。会社再生の成功例は、何といっても日本航空です。京セラの創業者として有名な稲盛氏のもとで、見事な復活を遂げました。

　下表は、破綻寸前の2008年3月31日（旧日本航空）と2013年3月31日（新生日本航空）の貸借対照表を並べたものです。

●日本航空の貸借対照表の比較

（単位：百万円）

	2008年3月	2013年3月		2008年3月	2013年3月
流動資産	810,315	551,348	短期有利子負債	161,419	10,595
			その他の流動負債	499,810	302,559
			流動負債計	661,229	313,154
			長期有利子負債	753,645	34,517
			退職給付引当金	95,485	154,483
			その他の固定負債	141,353	131,269
固定資産	1,312,467	665,263	固定負債計	990,483	320,269
			負債合計	1,651,712	633,423
			自己資本	471,070	583,189
計	2,122,782	1,216,611	計	2,122,782	1,216,612

		(2008年)	(2013年)
有利子負債比率	：有利子負債 ÷ 自己資本	194%	8%
固定比率	：固定資産 ÷ 自己資本	279%	114%
固定長期適合率	：固定資産 ÷（自己資本 ＋ 長期有利子負債）	107%	108%
財務レバレッジ	：総資本 ÷ 自己資本	451%	209%
自己資本比率	：自己資本 ÷ 総資本	22%	48%

2008年3月期の財務安全性は目を覆うばかりです。長い間の放漫経営のツケで自己資本が枯渇し、自己資本比率は22%に落ち込みました。

　なお、自己資本比率は、最低30%、できれば50%を目標とする必要があります。

　とはいえ、他者との競争は避けて通れませんから、長期有利子負債を増やして航空機を中心とした巨額の投資を行なってきましたが、航空機の稼働率は期待どおりには回復せず、破綻に追い込まれたわけです。

　2013年3月期の新生日本航空の長期的安全性を見ると、「有利子負債比率」と「固定比率」が劇的に改善していることがわかります。有利子負債比率の改善は、会社更生法の適用により5,250億円の債務が免除されたことによるものです。そして、破綻当時40機以上あったB747 型（ジャンボ）を処分して、B777をはじめとする安価で燃費効率がよい中型機に入れ替えたことにより、採算性は大幅に改善しました。

　その後、最新機種の導入が進み、2022年3月期では固定資産が1兆6,211億円、有利子負債は9,285億円に膨らみました。

効率よく儲けているかを「収益性分析」で判断する

効率よく儲けているかを
「収益性分析」で判断する

ROIがもっとも重要な経営指標

23ページで紹介した太郎君と次郎君の話を覚えていますか。片山さんは二人の息子のうち、どちらが会社を継がせるのにふさわしいか、判断しかねていました。そして最終的に太郎君を選びました。

なぜ片山さんは次郎君でなく、太郎君に会社を継がせようとしたのでしょうか。この質問を頭の隅において、読み進めてください。

■■ 投下資本利益率(Return on Investment：ROI)とは？

「投下資本利益率（ROI）」は、貸借対照表と損益計算書の両方にまたがる指標で、**総合的に会社の収益性を判断するための、もっとも重要な経営指標**です。

伝統的管理会計の金字塔というべきこの指標は、「デュポンチャートシステム」と呼ばれ、20世紀の初頭、化学品メーカー・デュポン社によって開発されました。実際にROIを考え出した人物であるドナルドソン・ブラウンについて、管理会計学者のR・S・キャプランはH・T・ジョンソンとの共著書『レレバンス・ロスト』（鳥居宏史訳、白桃書房、1992年）でこう綴っています。

「デュポン社の投資利益率公式（ROI＝デュポンチャートシステム）は、我々筆者の知る限りでは、ドナルドソン・ブラウンによって創作された。（中略）ブラウンの考え方は、デュポン社の組織、そして後のゼネラルモーターズ社に大きなインパクトを与えた」

キャプランが「インパクトを与えた」といったのは、こういうことです。GMの創設者、ウィリアム・デュラントは1908年ごろから、ビュイック、オールズモビル、キャデラック、シボレーなど中小の自動

車メーカー、さらに20社あまりの部品メーカーを買収して事業の拡大を進めていました。ところが、規模の拡大にともなう多様な業務を統制できず、1920年代には在庫が激増し、倒産の危機に直面しました。

1923年、デュラントからCEOを引き継いだアルフレッド・スローンが、複雑になりすぎたGMを経営する拠り所にした指標がROIでした。すなわち、キャデラック部門やビュイック部門などの各事業部がどれだけの資本を運用し、どれだけの利益を上げたのかを、ROIを計算することで大づかみにして、事業部を管理統制したのです。

◆投下資本利益率（ROI）の種類

投下資本利益率は、投下資本をどのように定義するかによって次の4種類に分けられます。

---

①総資産経常利益率（Return on Assets：ROA）
②経営資本営業利益率（Return on Operating Assets）
③使用総資本利益率（Return on Capital Employed：ROCE）
④投下資本利益率（Return on Invested Capital：ROIC）

---

①総資産経常利益率（Return on Assets：ROA）

これは、貸借対照表の左側、つまりすべての**運用した資金**が、どれだけの利益を生み出したかを測定する指標です。

具体的には、投資先の会社の業績を大づかみにするとき、あるいは子会社や事業部の業績を評価するときに使われる指標です。

$$総資産経常利益率 \ = \ \frac{経常利益}{総資産}$$

●総資産経常利益率（ROA）

P÷A

貸借対照表	
A{ 総資産	負　債
	自己資本 { 資本・資本剰余金
	利益剰余金
	うち当期経常利益 }P

例を挙げて説明しましょう。２つの生産子会社を持っている会社が
あるとします。仮に、Ａ社の利益が１億円、Ｂ社が2,000万円だとし
ます。２社を比較した場合、利益が多いＡ社のほうが、うまく経営し
ているように見えます。

ところが、ROAを使うと、評価はがらりと変わります。たとえば、
Ａ社の総資産が10億円、Ｂ社を１億円とした場合どうでしょう。Ａ社
は10億円の資産を運用して１億円の利益を上げましたからROAは10
％です。一方のＢ社は１億円の資産を運用して2,000万円の利益を上
げました。つまり、ROAは20％です。業績が優れているのは、少な
い資産でより大きい利益を上げたＢ社であることはいうまでもありま
せん。

先に取り上げたGMのアルフレッド・スローンが大成功をおさめた
のも、買収した子会社が上手に経営されているかを、このROAを用
いることで把握したからです。

ROA

（単位：百万円）

$$A社 = \frac{100}{1000} \qquad B社 = \frac{20}{100}$$

$$= 10\% \qquad\qquad = 20\%$$

②経営資本営業利益率（Return on Operating Assets）

　貸借対照表の総資産には、事業用資産だけでなく、利益を生まない「非事業用資産」もふくまれます。いうまでもなく、非事業用資産を抱えるほど、会社のROAは低くなります。事業用資産として運用された資本を「経営資本（OA）」といいます。

　本業の事業活動に使われた経営資本がどれだけの営業利益をもたらしたか、を知るために考えだされた指標が「**経営資本営業利益率**」です。ここで経営資本とは、生産活動や販売活動といった本来の事業に運用されていた資本のことで、貸借対照表上の資産総額から会社本来の経営活動に関連しない以下の(1)から(4)の金額を除いて計算します。

経営資本（事業用資産）＝ 総資産 － （1）－（2）－（3）－（4）

　(1)建設仮勘定などの未稼働資産額

　(2)未利用の土地・建物や運休中の設備などの遊休資産額

　(3)投資目的で購入した有価証券、長期貸付金

　(4)繰延資産額、繰延税金資産

$$経営資本営業利益率 ＝ \frac{営業利益（P）}{経営資本（OA）}$$

●経営資本営業利益率

P÷OA

71

なお、他社の貸借対照表からは、有形固定資産のうち、(2)遊休資産がどれだけあるのかはわかりません。そこで、他社の経営資本営業利益率を計算する際には、遊休資産はないものとして計算します。

　経営資本営業利益率が比較的高くてもROAが低い会社は、ムダな投資が多く、経営の足を引っ張っていると考えることができます。

③ROCE（Return on Capital Employed：使用総資本利益率）

　ROCEは、調達した資本（有利子負債＋自己資本）が、どれだけのリターンをもたらしたかを測定する指標です。調達した資本がいかに効率的に利益に結びついているかを知ることができます。

$$ROCE \ = \ \frac{営業利益（または EBIT）}{投下資本（＝有利子負債＋自己資本）}$$

営業利益に代えてEBIT（99ページ参照）を使うこともあります。

●ROCE（使用総資本利益率）

貸借対照表			
資産	その他の負債		
	有利子負債		使用総資本（CE）
	自己資本	資本・資本剰余金	
		利益剰余金	
		うち当期税引後利益(P)	

　「使用総資本」は何らかのコストを伴います。借入金や社債発行等の「有利子負債」は、業績にかかわらず利息が銀行口座から引き落とされます。この利息を「有利子負債コスト」といいます。

　「自己資本」は株主への返済義務はないですが、株主は株価の値上がりと配当という形で十分な利回りを期待します。これが自己資本コ

ストです。このように、使用総資本にかかるコストを「資本コスト」
といいます。

④ROIC（Return on Invested Capital：投下資本利益率）
　ROICは、企業が事業に投じた資金を、いかに有効に運用して営業
利益を上げているかを測定する指標です。
　計算式は営業利益を自己資本と有利子負債の和で割る方法（第一
法）と、営業利益を（流動資産－流動負債－現金相当分＋固定資産）
で割る方法（第二法）があります。

◆第一法
　ROICは、コストを負担して調達した資金(つまり有利子負債と自
己資本)を、ビジネスにおいていかに有効に運用して成果を上げてい
るかを測定する指標です。有利子負債と自己資本がすべて事業に投下
されていると仮定して計算する方法です。

$$ROIC \ = \ \frac{営業利益（またはNOPAT）}{投下資本（＝有利子負債＋自己資本）}$$

営業利益に代えてNOPAT（101ページ参照）を使うこともあります。

●第一法によるROIC（投下資本利益率）

貸借対照表		
運転資本	有利子負債	
固定資産	自己資本	資本・資本剰余金
		利益剰余金
		うち当期営業利益(P)

投下資本

◆第二法

　資金の運用サイドである、資産から投下資本を直接的に計算する方法です。

$$ROIC = \frac{営業利益}{投下資本（＝流動資産－流動負債－現金相当分＋固定資産）}$$

●第二法によるROIC（投下資本利益率）

貸借対照表	
流動資産 （現金相当分を除く）	流動負債
運転資本	
固定資産	投下資本

　固定資産としては、事業活動で使用する有形固定資産、無形固定資産に限定し、投資による金融資産や営業権は含みません。また、流動資産（現金や預金などの現金相当分を除く）から流動負債を差し引く理由は、取引先から調達した資金である流動負債が、運転資金として流動資産に運用されているためです。そこで、流動資産を売上債権と棚卸資産、流動負債を仕入債務とすることがあります。ROICは資金の有効活用を測定する指標ですから、第二法のほうが理論的です。

　近年、コロナ禍以後のインフレ抑制のため、金利が引き上げられました。この結果、資本と有利子負債の調達コストが増加し、企業の稼ぐ力がより重視されています。現に世界の主要銘柄を分類すると、ROICが高い銘柄ほど足元の株価が底堅いことがはっきり表われています（「世界株『稼ぐ効率』で選抜」日本経済新聞2022年7月13日）。

ROICとROAの違い

ROA（総資産利益率）も企業の収益力を測る指標ですが、総資産には現金など利益を生み出さない資産や取引先から調達した運転資金である流動負債を含むため、その影響を取り除いたROICのほうが、資金の投資効率をより正確に把握できます。

ROICとROCEの違い

ROICは資金の運用サイド、ROCEは資産の調達サイドをにらんだ指標です。

すなわち、ROICは「事業に投下された資本がいかに有効に運用されているか」という視点であるのに対して、ROCEは「調達した資本が有効に使われて利益に結びついているか」という視点です。

総資産経常利益率（ROA）を分解する

総資産回転率と売上高経常利益率の意味

　ROAが経営指標として重視されるのは、ROAの値が高い会社ほど、資産を上手に運用して多くの利益を上げている、と考えられるからです。この意味について詳しく説明します。

　ROAは、次のように「**総資産回転率**」と「**売上高経常利益率**」に分解できます。

$$\text{ROA} = \frac{経常利益}{総資産} = \underset{(総資産回転率)}{\frac{売上高}{総資産}} \times \underset{(売上高経常利益率)}{\frac{経常利益}{売上高}}$$

総資産回転率とは？

　「総資産回転率」は、売上高を総資産で割った値です。

　会社には、顧客から売上代金が振り込まれます。一方、総資産は会社が運用している資金の総額です。

　したがって、総資産回転率は、**年間に入ってくる資金（売上代金）と総資産に投入されている資産の割合**を表わしています。

$$総資産回転率（回） = \frac{売上高}{総資産}$$

　表現を変えれば、総資産回転率は、**売上代金として回収した資金が、資産に投下され何度入れ替わったか**、を表わしていると見ることができます。この回転率が多いほど、**少ない資金を効率的に使って経営を行なっている**と判断することができます。

　ところで、総資産の回転を増やすには、どうしたらよいでしょうか。

まず考えられるのは、分母である現在の総資産をそのままにして、積極的に売上高を増加させることです。もう1つは、現在の売上高を維持しながら、不要な資産（非事業用資産や稼働していない設備、売れ残りの棚卸資産）を処分して、分母の総資産を減少させることです。リストラの鉄則は、総資産を身軽にすることです。

なお、総資産回転率の代わりに、次のように日数や月数などの回転期間で表示することがあります。この場合、何日分の売上代金が総資産に留まっているかを表わします。いうまでもなく、日数が少ないほど資金が有効に使われていると判断できます。

$$\text{総資産回転期間（回転日数）} = \frac{\text{総資産}}{\underbrace{\text{（年間売上高} \div 365日）}_{\text{1日当たり売上高}}}$$

■■ 売上高経常利益率は収益力を示す

「売上高経常利益率」は、経常利益を売上高で割った値です。「経常利益」は、会社で経常的に繰り返される営業活動と財務活動から生じる利益額ですから、**会社の総合的な収益力を示す指標**です。

$$\text{売上高経常利益率} = \frac{\text{経常利益}}{\text{売上高}}$$

売上高経常利益率を高めるためには、少ない費用でより多くの売上を上げればよいことがわかります。

以上から、**ROAを高めるには総資産の回転を速め、少ない費用で多くの売上を上げる**ことが必要です。より端的にいえば、資金をムダなく使って価値を最大限に増やすことであり、これこそが経営者に求められる使命です。

■■ ROAの確認問題

　次の問題を考えてください。A社とB社では、どちらのほうが効率的な経営をしているでしょうか。

●設例：効果的な経営をしているのはどちらか？

（単位：百万円）

	A社	B社
総資産	3,000	1,000
有利子負債	2,000	300
その他の負債	500	500
自己資本	500	200
売上高	2,000	1,000
経常利益	120	150
経常利益率	6%	15%
ROA	4%	15%
総資産回転率	0.7	1.0
売上高経常利率	6%	15%

A社　ROA 4 ％　＝　総資産回転率0.666回　（2,000/3,000）
　　　　　　　　　　× 売上高経常利益率 6 ％　（120/2,000）

B社　ROA15％　＝　総資産回転率 1 回　（1,000/1,000）
　　　　　　　　　　× 売上高経常利益率15％　（150/1,000）

　ROAは、A社が 4 ％に対してB社は15％となっています。したがって、答えはB社となります。

　では、この差はどこから生じているのでしょか。まず、「売上高経常利率」の違いです。A社の有利子負債が多いことから、支払利息が多いことが考えられます。次に、「総資産回転率」です。A社は利益を増やすために、積極投資により売上を拡大してきたものと思われます。この設備資金を有利子負債でまかなってきたものの、資産が十分な利益を生まなくなり、ROAが悪化したものと考えられます。

2-12

ROAを高めるには？

売上高経常利益率を高くし、総資産回転率を増やす

　ROAの分解式をグラフで表わしてみましょう。ROAは総資産回転率に売上高経常利益率をかけた値ですから、双曲線で表わすことができます。双曲線上のROAはすべて同じ値です。たとえば、ROA1の曲線上にあるA社とB社のROAはともに0.17です。

　ROAを高めるという意味は、双曲線を右上にシフトさせるということです。たとえば、①総資産回転率を一定にして、売上高経常利益率を高める。あるいは、②売上高経常利益率を一定にして、総資産回転率を増やす。あるいは、売上高経常利益率と総資産回転率を同時に向上させる、ということです。

●ROAの分解式のグラフ

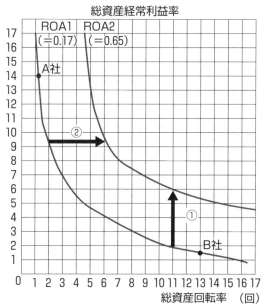

では、ROA（ROA1→ROA2）を向上させるには、どのような方策が考えられるでしょうか。売上高経常利益率と総資産回転率に分解して説明しましょう。

■■ 売上高経常利益率を高くする方法

売上高経常利益率を高めるには、①売上高を増やす、②売上原価を削減する、③粗利益率の高い商品を多く売る、④販売費及び一般管理費を削減する、⑤財務費用を削減する、などの方法があります。

①売上高を増やす

売上高 ＝ 販売単価 × 販売数量

- 販売単価を引き上げる
- 販売数量を増やす

②売上原価（商品仕入原価、製品原価 ＝ 材料費 ＋ 製造加工費（労務費 ＋ 経費））を削減する

「粗利益率」は売上高に対する粗利益の割合です。したがって、粗利益率を向上させるためには、商品の仕入原価の引下げや、原価管理を強化して製品原価を目標原価以下に抑え込む必要があります。

③粗利益率の高い商品を多く売る

通常、会社が取り扱う製品は複数で、しかも粗利益率はすべて異なりますから、会社全体の粗利率（売上総利益率 ＝ 売上総利益 ÷ 売上高）は、販売する製品の組み合わせで変化します。

製品ごとの粗利率が異なる理由は、製品そのものの収益力が異なるからです。販売価格が一定とした場合、会社全体の粗利益率を高めるには、粗利益率の高い製品をたくさん売る必要があります。

④**販売費及び一般管理費を削減する**

　ムダな活動をなくすとともに、効率的な販売活動と管理活動を行なう仕組みをつくり、費用を削減することです。

　第3章の損益計算書分析で詳しく説明しますが、ここで理解していただきたいのは、**販売費や一般管理費は利益をもたらすために使わなくてはならない**、ということです。ところが、このなかには、価値を生まずに利益の足を引っ張っている費用が紛れ込んでいます。削減すべきは、このムダな費用です。

　1つ例を挙げましょう。販売促進費が多い損益計算書から、どのような事態を想像しますか。考えられるのは、製品の価格競争力が落ちていて、本来ならば売上値引とすべきところを、販売促進費をばらまいて売上をつくっている場合です。値下げしなければ売れない製品を無理して売っているわけです。したがって、粗利益率の高さに惑わされてはいけません。この場合、製品の競争力は見た目よりずっと劣っている、と判断すべきです。

⑤**財務費用（支払利息・割引料）を削減する**

　支払利息や割引料の多さは、運転資金や投資資金が不足しているため有利子負債や割引手形が多いことを表わしています。その原因として、在庫が増えすぎて営業キャッシュフローが足りない、過大に設備投資している、などが考えられます。単に、有利子負債や割引手形を減らせばいいというのではなく、なぜこれらが増えてしまったのかを分析する必要があります。

■■ 総資産回転率を増やす方法

　総資産回転率を増やすには、①売上高を増やす、②分母の総資産を削減する必要があります。

①売上高を増やす

80ページで説明したことのほかに、マーケティングを強化し、新製品の開発を進め、営業活動による売上高増加を進める必要があります。

②分母の総資産を削減する

・運転資本（売掛金 ＋ 受取手形 ＋ 棚卸資産 － 買掛金 － 支払手形）を減らす

運転資本を削減するとは、商売を維持するために常に循環している運転資金を削減することで、具体的には長期間動かない棚卸資産の処分、売掛金の回収を早める、なるべく在庫を持たないような生産方式、購買方式に変更することです。

・固定資産を減らす

成果をもたらす投資に資金を集中するとともに、稼働していない事業用固定資産や非事業用固定資産を処分して現金に換えることです。

■■ まとめ　ROAの構造

次ページの図は、ROAの構成要素である経常利益と総資産の構造を体系的に表わしたものです。

●ROAの構造

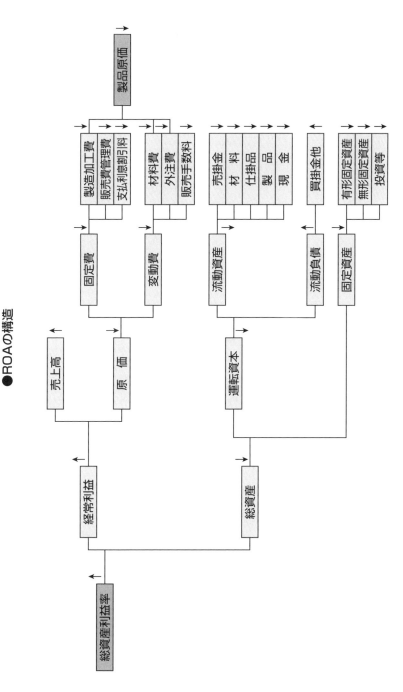

自己資本利益率（ROE）とは？

財務レバレッジを使った経営は「両刃の剣」

■■ ROAとROEの違い

ROAは、総資産がどれだけの利益をもたらしたかを測定する指標で、これは、経営者のマネジメントの成果を表わす収益性指標です。

もう1つの重要な指標に「自己資本利益率（ROE）」があります。これは、**株主の視点で投資判断する場合に用いられる指標**です（第7章の株式投資分析と照らし合わせてお読みください）。

$$自己資本利益率 = \frac{当期純利益}{自己資本}$$

ROEは、当期純利益を自己資本で割った値で、株主の持分である自己資本に対して、どれだけの純利益が生み出されているかを示す指標です。

「**当期純利益**」とは一定期間に生じた利益であり、その額だけ貸借対照表の自己資本が増加します。

出資者である株主からすれば、ROEが高い会社ほど投資する価値が高い、ということになります。ここで留意していただきたいことは、ROEは株主の立場に立った指標であって、必ずしも経営者の立場ではない、ということです。つまり、**経営者のマネジメント手腕を判断する指標ではありません**。

ところが、一般にROEがあたかも経営効率を測定する指標であるがごとく説明されています。本来、ROEは株主視点、ROAは経営者

視点と見方がまったく異なっているはずなのに、経営者の行動指針が
ROEの向上であると説明される理由はどこにあるのでしょうか。こ
の点について、考え方を整理していきましょう。

■ ROEとROAの関係

ROEの式は、次のように表わすことができます。

$$
\underset{\text{自己資本利益率}}{\text{ROE}} = \underset{\text{自己資本}}{\frac{\text{当期純利益}}{\text{自己資本}}} = \underset{\underset{\underset{\text{ROA}}{\smile}}{\text{総資産回転率}}}{\frac{\text{売上高}}{\text{総資産}}} \times \underset{\text{売上高純利益率}}{\frac{\text{当期純利益}}{\text{売上高}}} \times \underset{\text{財務レバレッジ}}{\frac{\text{総資本}}{\text{自己資本}}}
$$

すでに説明しましたが、「財務レバレッジ」とは、銀行借入や社債
などの他人資本をテコ（レバレッジ）として使い、事業規模（総資産）
をどれだけ拡大したかを表わす指標で、自己資本比率の逆数でもあり
ます（65ページ参照）。

上の式からおわかりのように、ROEは総資産利益率（ROA）に財
務レバレッジをかけた値です。財務レバレッジが高い会社ほど、少な
い株主資本でありながら、多くの資本を運用していることになります。
つまり、ROEが高い会社とは、**株主から見て少ない投資でより大き
い利益をもたらす会社**のことであり、投資する価値のある会社、とい
うことになります。

また、ROEを高めるには、ROAの向上とともに財務レバレッジを
高める必要があることがわかります。つまり、多く借金して、より多
くの利益を上げるほど株主から評価される、ということです。
　しかしながら、有利子負債の増加は不況時の倒産リスクを高める原
因になりますから、資金の借入れには細心の注意が必要です。

経営にとって大切なことは、調達した資金を上手に運用し、利益をより多く上げることです（つまり、ROAを高める）。その際、自己資金だけでは成長に限界がありますから、金融機関などから資金を調達することになります（つまり、財務レバレッジを利かせる）。

　有利子負債は元金と利息の返済が不可欠であり、元金は税引後の利益で返済することになります。しかしながら、税引後利益が出ているだけでは不十分で、運転資金をまかない、設備投資を可能にし、元金の返済が可能なだけの利益が必要です。

　つまり、財務レバレッジを使った経営は、「両刃の剣」なのです。ROEばかりを追い続ける経営は有利子負債の増加に鈍感になりがちで、この指標の絶対視は、経営者として「本末転倒」ではないかと思います。

■■ 片山さんの決断は？

　第1章の太郎君と次郎君の話を思い出してください。必要最低限の借金で商売をしている太郎君の会社と、銀行借入れをテコに商売の拡大を続ける次郎君の会社とを比較した場合、どちらの会社のほうが安定的に経営されているのか、という問いでした。

　経営者の立場からすればROAが高い太郎君ですが、株主の立場から見ればROEが勝る次郎君です。そして、父親の片山さんの決断——。当初、株主の立場で次郎君を跡取りに考えていたのですが、最終的には、経営者の立場から太郎君を社長にすることに決めました。自分がつくった会社を地道に守り続けてほしい、と思ったからでしょうね。

第**3**章

損益計算書分析
——努力すれば成果が出るのか、それが問題だ

会計の利益とは何か？

利益と儲けは同じではない

　この章では「損益計算書分析」について学んでいきます。損益計算書は、ビジネスにおける付加価値活動の結果を表わしています。

　損益計算書は、貸借対照表の「利益剰余金」の増減内訳で、**利益剰余金の増加が「収益」、減少が「費用」**です。

　財務諸表を手に取った人が最初に見るのが損益計算書です。なぜなら、ここには会社の業績である「利益」が載っているからです。一般に、「利益」はちょうど学校の成績のように思われています。赤字だったら、文字どおり「赤点」で、落第というわけです。

　確かに、この理解は間違いではありません。しかし、正解ともいえないのです。「利益」のことをよく理解している人は意外と少ないのです。

■■ 利益とは何か？

　利益という概念はわかっているようで、実はなかなか理解しがたいものです。ここで、復習をかねて質問を1つ。利益が増えれば、銀行預金も増えるでしょうか。もちろん、答えは「No」です。なぜなら、「利益」と「儲け」は違うからです。

　たとえば、儲けた札束は手でつかむことができます。しかし、**利益は収益と費用の差額であり、実体がありません。利益は計算結果であって、現金そのものではないのです。**その証拠に、現金は貸借対照表の「流動資産の部」、利益は「純資産の部」と、別々の場所に書かれています。とはいえ、利益を理解し、損益計算書を学ぶことはとても重要です。

　なお、「儲け」については、第4章のキャッシュフロー計算書分析で、詳しく触れます。

■■ 利益はその期間で増えた価値の純額

　これから学んでいく損益計算書には、一定期間の収益（売上）と費用が勘定科目別に並んでいて、その差額として利益（損失）が表現されています。**収益とは増加した価値の総額**であり、**費用は収益を上げるために消費した価値**です。したがって、**利益はその期間で増加した価値の純額**を表わしています。

●収益と費用の関係

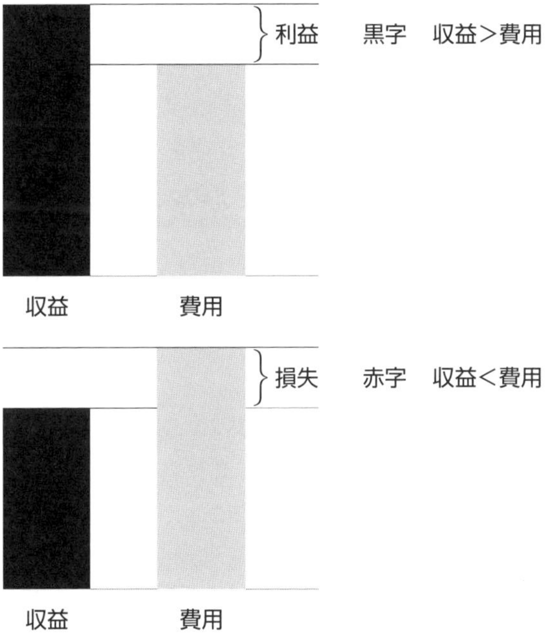

```
          }利益    黒字  収益＞費用

収益       費用
```

```
          }損失    赤字  収益＜費用

収益       費用
```

　収益と費用の金額を長さに置き換えることで、利益が差額であることの意味がより理解しやすくなります。

　上図では収益を黒色の棒、費用を灰色の棒で表わしています。黒色（収益）の棒が灰色（費用）の棒より長い場合、その差額が黒字（利益）です。逆に、灰色の棒が黒色の棒より長い場合、その差額が赤字

（損失）ということです。

■■ 費用収益対応原則とは？

　同じ金額の費用をかけても、黒字の会社も赤字の会社もあります。
なぜ、このようなことが起きるか、疑問に思ったことはありませんか？

　会計を勉強したことがある人が必ず学ぶのが「**費用収益対応原則**」
です。これは、一定期間の利益を計算する場合、まず収益を確定させ
て、次にその収益獲得に貢献した費用を差し引いて利益を計算すると
いう原則です。つまり、収益と費用には原因結果の関係があるから、
その期間の利益は業績を表わしている、と考えるわけです。

　「それにもかかわらず、同じ費用をかけて黒字になる会社があれば、
赤字の会社もある。なぜだろう」──。そう、思うわけです。しかし
ながら、会計理論を離れてマネジメントの頭で考えれば答えは容易に
見つかります。

　理由は、**費用の使い方**に巧拙があるからです。業績はマネジメント
の巧拙に左右されます。稚拙な経営がもたらす費用のムダ使いが、利
益の足を引っ張るわけです。

　ところが損益計算書からでは、**費用のうちどれだけがムダに使われ
たのかはわかりません**。これが、損益計算書の限界です。

　したがって、損益計算書を読み解くには、同業他社との比較、数年
間の推移、財務諸表以外の情報（新聞、雑誌、風評等）を収集して、
想像力をふくらませることが大切です。

　つまり、損益計算書分析で大切な点は、売上高利益率が高いとか、
低いとかだけで済ましてしまうのではなく、**会社で行なわれている活
動をイメージして、その数値の奥に潜む原因を突き止める**ことです。
証拠を固めて犯人を特定する名探偵シャーロック・ホームズの目を持
つことが大切です。

3-2

損益計算書（P/L）の目的

期間利益によって、会計期間の経営成績を明らかにする

繰り返しになりますが、損益計算書が表わしている利益は、会社が直近期間（1年とか四半期）で生み出した**「期間利益」**です。

かつて地中海で貿易を行なっていたイタリアの商人は、航海のたびに精算をして決算書を作成していました。

しかしながら現代の会社は、精算することなく走り続けます。しかも、会社は社会的存在であり、さまざまな法規制のもとで、さまざまな利害関係者と接点を持っていることから、制度的に1年間で区切り、その期間の業績を決められたフォームで利害関係者に報告する義務を負っています。

■■ 損益計算書を作成する目的

ところで、企業会計原則は、「損益計算書は、企業の経営成績を明らかにするため、一会計期間に属するすべての収益とこれに対応するすべての費用とを記載して経常利益を表示し、これに特別損益に属する項目を加減して当期純利益を表示しなければならない」と定めています。

つまり、損益計算書の目的は、**期間利益によって、会計期間の経営成績（業績）を明らかにする**ことです。

ここからわかるのは、一定期間の収益と費用にはいろいろな種類があり、期間利益も1つではない、ということです。

損益計算書の構造を押さえる

営業損益計算区分、経常損益計算区分、純損益計算区分がある

損益計算書は、①営業損益計算区分、②経常損益計算区分、③純損益計算区分の３つに分かれています。

●損益計算書における区分

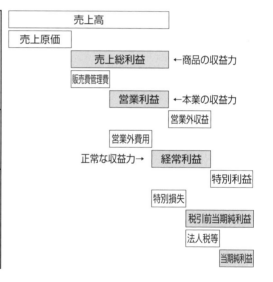

損益計算書

売上高	営業損益計算
売上原価	
売上総利益	
販売費及び一般管理費	
営業利益	
営業外収益	経常損益計算
営業外費用	
経常利益	
特別損益	純損益計算
特別損失	
税引前当期純利益	
法人税、住民税及び事業税	
税引後当期純利益	

■■ 営業損益計算区分とは？

「営業損益計算区分」には、本来の営業活動により生じた収益と費用が記載されており、ここで計算される「営業利益」は、会社本来の営業活動の成果を示しています。簡単にいえば、商売でどれだけ利益を上げたかを表わしています。

商品や製品、あるいはサービスを販売することによって会社が獲得

した価値の総額が「**売上高**」です。また、販売した商品、製品、サービスそのものの価値が「**売上原価**」、販売活動と管理活動に消費した価値の総額が「**販売費及び一般管理費**」です。

営業損益計算区分は、「**売上総利益**」と「**営業利益**」の２つの利益が計上されます。

たとえば、１年間に10億円で購入した商品を15億円で販売した場合、収益（売上高）15億円、費用（売上原価）10億円、売上総利益５億円と記載します。そして、この期間に販売活動と管理活動に３億円使えば、営業利益は差額の２億円になります。

◆売上総利益（粗利益）の求め方
売上高から売上原価を差し引いた金額が「**売上総利益**」です。しばしば「**粗利益**」と呼ばれます。

売上総利益（粗利益）＝ 売上高 － 売上原価

自動車メーカーなら、販売した自動車の売上金額合計と製品原価合計が、売上高と売上原価に記載されます。最初から売上総利益を計上するのではなく、生産物である自動車を販売したことによって得た価値の総額（売上高）から、その自動車を製造する際に消費した価値（売上原価）を差し引く形で表示します。

◆売上総利益の留意点
売上総利益が多いだけで満足しがちですが、それでは分析したことにはなりません。いくつかの留意点をお話ししましょう。

①要約データであること
会社は複数の生産物を販売していますが、会計上の数値は、貨幣価

値で表わされた要約データですから、損益計算書からは、どの製品や
サービスが多くの粗利益を上げているのかがわかりません。

　自動車メーカーならば、それが粗利率の高い高級車なのか、逆に低
い大衆車やエコカーなのか、わからないということです。今後、高級
車の売上増が望める車種の割合が多いほど、その会社の将来は明るい
はずなのに、売上総利益は、そのことについて何の情報も提供してく
れません。

②粗利益率が異なる複数の製品の合計であること

　会社が販売した複数製品の粗利益の合計が売上総利益ですから、製
品の組み合わせによって売上総利益は変動するということです。

③売上総利益は付加価値ではない

　たとえば、A社とB社があり、どちらも売上高15億円、売上原価10
億円、売上総利益5億円とします。使った材料費はA社が3億円に対
して、B社は7億円でした。加工費は逆にA社が7億円で、B社は3
億円。つまり、A社は3億円の材料を、B社は7億円の材料を、それ
ぞれ15億円の価値に変えたことになります。つまり、A社のほうがよ
り多くの価値を創り出したわけです。売上総利益だけでは、会社がど
れだけの付加価値を創り出しているのかはわかりません。

④売上総利益が大きくても、営業利益が大きいとは限らない

　売上総利益は多いが販売費もまた多い会社もあれば、売上総利益は
少ないものの販売費も少ない会社もあります。売上総利益が多いから
製品の競争力が高い、と単純に考えてはいけません。売上値引きの代
わりに販売手数料を支払っていることがあるからです。

◆営業利益の求め方

　売上総利益から、販売費と一般管理費を差し引いた値が「**営業利**

益」です。つまり、売上総利益を使って販売費と一般管理費を支払った残りが営業利益で、これは**会社が本業で得た利益**を表わしています。

「**販売費**」は、会社の販売活動やマーケティング活動に使った費用です。具体的には、営業部門やマーケティング部門で生じる広告宣伝費、販売促進費、販売手数料、見本費、荷造費、運搬費、保管費、人件費（給与、賞与、手当等）などがあります。

「**一般管理費**」は、会社を管理運営するために使った費用のことで、経理部、人事部、情報システム部で生じる人件費、法定福利費、福利厚生費、研修費、家賃（賃貸料）、旅費交通費、会議費、通信費、水道光熱費、消耗品費、図書費、租税公課、減価償却費、修繕費、保険料などが該当します。

損益計算書からは、その科目が販売活動の費用なのか、一般管理活動の費用なのかはわかりません。広告宣伝費や販売促進費なら販売活動に使ったことは容易にわかりますが、人件費や地代家賃となると、販売活動と管理活動にどれだけ使ったのかを判断できません。

それから、商売の仕方によって、勘定科目の金額が大きく違ってくることにも注意すべきです。たとえば、同じアパレル会社でも、直営店を持つ会社では店舗の地代家賃や販売員人件費が大きくなり、問屋、デパート、スーパー、コンビニに卸している会社は、これらの費用が少ない代わりに、配送運賃、販売手数料が大きくなります。

したがって、**売上総利益で業績を判断するのではなく、営業利益の多寡**が重要なのです。

◆売上総利益と営業利益の比較

売上総利益が大きくても、営業利益が大きいとは限らないのは、業

種によって商売の仕方が異なるからです。ここに興味深い実例があります。

●三城ホールディングスの連結損益計算書

(単位：百万円)

	2013年3月	構成比率	2022年3月	構成比率
売上高	55,419	100%	44,092	100%
売上原価	−17,708	32%	−13,775	31%
売上総利益	37,711	68%	30,317	69%
販売促進費	2,593	5%	2,126	5%
給与手当及び賞与	15,281	28%	12,922	29%
福利厚生費	2,349	4%	2,147	5%
減価償却費	1,375	2%	797	2%
賃借料	9,952	18%	7,684	17%
その他	5,733	10%	5,140	12%
販売費及び一般管理費	−37,283	67%	−30,816	70%
営業利益	428	1%	−499	−1%

　これは、メガネの小売販売をしている三城ホールディングス（現パリミキホールディングス）の2013年3月期及び2022年3月期の連結損益計算書です。売上高総利益率は68％、69％で、営業利益率は1％、△1％となっており、この10年間ほとんど変化がありません。依然として、全国に展開する小売販売店の定員の人件費、店舗の賃借料に多くの費用がかかっているからです。

■■ 経常損益計算区分とは？

　経常損益計算区分は、「営業利益」（損失）に「営業外損益」（財務活動、その他本業以外の活動から生じた損益）を加えた区分です。「営業外損益」には受取利息、支払利息及び割引料、有価証券売却損益などがあります。

◆経常利益の求め方

「**経常利益**」は、営業利益に営業外取引（財務活動と主な営業活動以外の活動）から生じた損益を加減して計算します。商売を安定的に行なうには財務基盤がしっかりとしていることが重要ですから、財務活動に必要な費用（あるいは収益）を考慮することで、会社の正常な業績を知ることができます。

なお、主な営業活動以外の活動から収益や費用が生じた場合も、この区分に計上します。

経常利益 ＝ 営業利益 ＋ 営業外収益 － 営業外費用

「営業外収益」には有価証券運用益、預金利息など、また「営業外費用」には借入金の支払利息、社債利息、手形の割引料などがあります。

財務レバレッジを働かせて業績を拡大させている会社は、有利子負債が多いため支払利息も多くなります。

■■ 純損益計算区分とは？

◆税引前当期純利益の求め方

経常利益に特別損益を加減して「**税引前当期純利益**」を計算します。

税引前当期純利益 ＝ 経常利益 ＋ 特別損益

「特別損益」は、会社の経常的な活動とは直接関係なく発生する損益を総称したもので、「臨時損益」と「前期損益修正」に区分されます。

・臨時損益：土地建物など固定資産の売却損益、転売以外の目的で取得した有価証券の売却損、災害による損失、リストラ費用など例外的なものです。

・前期損益修正：日本の会計基準は過年度の決算書を遡及して修正できません。そこで、過年度の引当金の修正、減価償却の修正、棚卸資産評価の訂正が生じた場合、過去の損益修正を特別損益の区分に計上します。

　なお、上場会社などでは、2011年4月1日以後に開始した事業年度から、この勘定科目はなくなり、代わりに過去の決算書について遡及処理することになりました。

　以上のように特別損益は異常な損益ですから、どのような理由で生じたのかを、しっかりと調べることが大切です。

　たとえば、税引前当期純利益が多額でも、固定資産の売却益によるものであれば、会社の業績はよいとはいえません。また、当期損失が固定資産の売却損によるものであれば、なぜ損を出してまで固定資産を処分したのかを分析してみることが大切です。

◆税引後当期純利益の求め方

　税引前当期純利益に、法人税等と税効果会計により生じる法人税等調整額を加減して「**税引後当期純利益**」を計算します。**会社の最終的な業績**です。

　この値がマイナスであれば、会社はその額だけ蓄えた富を減らしてしまったということです。

税引後当期純利益　＝　税引前当期純利益
　　　　　　　　　　－　法人税、住民税、事業税
　　　　　　　　　　－　法人税等調整額

管理会計特有の利益概念がある

EBIT、EBITDA、NOPAT、EVAを学ぶ

　ここまで、財務会計上の利益を見てきました。財務会計は基本的には外部報告のための会計ですから、情報量には限りがあります。そこで、会社経営のために、管理用の利益概念が考え出されました。

①EBIT（Earnings Before Interest, Taxes：支払利息控除前当期純利益）

　「EBIT」は、支払利息や税金を差し引く前の利益のことで、**本業の収益性を測定するために用いられる指標**です。

EBIT ＝ 税引前当期純利益 ＋ 支払利息 － 受取利息

　税引後当期純利益を使わずに「税引前当期純利益」を使うのは、各国の税制の違いによる利益への影響を、また「支払利息」と「受取利息」を加味するのは、有利子負債の多寡や各国の金融政策の違いによる利益への影響を排除するためです。

　創業間もないベンチャー会社や、グローバル展開している大会社の子会社や事業部の収益力を評価するときに用いられる指標です。

　世界的な金融緩和の影響でEBITが支払利息を下回る企業が増えています。原因は、コロナ禍での経営悪化を補うため各国の中央銀行が金融緩和を拡大したことにより容易に借金ができたからです。こうした過剰債務状態が長期間続く企業は「ゾンビ企業」と呼ばれることがあります。北米・欧州・アジア太平洋の主要国の金融業を除く上場企業約2万4,500社を調べたところ、2021年度は全体の約16％にあたる3,900社がこのゾンビ企業に該当するといわれています。ちなみに、

もっともゾンビ企業が多い国は米国、もっとも少ない国は日本でした（「過剰債務の『ゾンビ企業』増加　利上げで破綻懸念」日本経済新聞電子版、2022年7月28日）。

②ＥＢＩＴＤＡ（Earnings Before Interest, Taxes, Depreciation and Amortization：支払利息・税金・減価償却控除前利益）

「EBITDA」は、利息（Interest）、税金（Taxes）、減価償却費（Depreciation and Amortization）を引く前の利益です。EBITから減価償却費の影響を取り除いた利益でもあります。

減価償却費は支出をともなわない費用ですから、**EBITDAは営業キャッシュフローの近似値**として用いられることがあります。

EBITDA ＝ 税引前当期純利益 ＋ 支払利息 － 受取利息 ＋ 減価償却費
　　　　＝ EBIT ＋ 減価償却費

EBITに「減価償却費」を加えるのは、各国の会計基準の違いによる減価償却計算の利益への影響を排除するためです。したがって、EBITDAを使うことで、支払利息や減価償却費や税制の影響を排除することができるため、純粋な収益力の国際間比較が可能になります。

減価償却費が大きい会社は、EBITDAも大きくふくらみます。このような会社は、**将来の収益のために積極的に設備投資を行なっている**と見ることができます。とはいえ、過大設備投資は業績の足を引っ張ることになりますから、当期純利益と合わせて分析することが大切です。

EBITDAに対する純有利子負債（有利子負債−現金及び預金）の比率（EBITDA純有利子負債倍率）は、純有利子負債が何年分の営業キャッシュフローに相当するかを表わしていますから、純有利子負債の多寡を判断する際に使われます。たとえば、武田製薬は19年に約6兆円を投じてアイルランド製薬大手シャイアーを買収したことで純

有利子負債は5兆979億円に増え、EBITDA純有利子負債倍率は4.7倍になりました。無謀とも思える買収だったのですが、同社の経営計画では24年3月期までにEBITDA純有利子負債倍率2倍台前半まで引き下げられる見通しであると公表されています。

③NOPAT（Net Operating Profit After Tax：税引後営業利益）
（ノーパット）

「NOPAT」は、営業利益から法人税等を控除した利益で、**会社のビジネス活動により生み出した付加価値をもっとも簡潔に表わしています**。

$$NOPAT ＝ 営業利益 × （1 － 実効税率）$$

実効税率とは、企業が負担すべき利益にかかる税金の比率のことで、税金には法人税、住民税、事業税がふくまれます。

営業利益に代えてEBITを使って、次のように計算することもあります。

$$NOPAT ＝ EBIT × （1 － 実効税率）$$

④EVA（Ecomomic Value Added：経済的付加価値）

「EVA」はアメリカのコンサルティング会社のスターン・スチュワート社によって開発され、商標登録されている経営指標です。これは企業が投資家や債権者など、事業に必要な資金を調達した先に対価（資本コスト）を提供したうえで、本業からどれだけの付加価値を生み出したかを示す指標です。

金融機関は提供した資金に対して利息を要求し、株主は配当と株価の値上がり益を要求します。前者が有利子負債に対する資本コストであり、後者が自己資本に対する資本コストです。ところが、会社が作

成する損益計算では有利子負債利息は収益から控除しますが、調達した自己資本コストは差し引いていません。つまり、有利子負債のコストは支払利息として利益計算に反映しますが、自己資本のコストである配当金と株価の値上がり益は利益に反映されていません。

　企業経営を継続させるには資本コストを回収するだけの利益を獲得する必要があります。EVAは、事業に投下したすべての資本コストを控除したあとの利益を表示しようとするものです。ここでは、ROICの計算にNOPATを使います。

　EVAは、NOPATから資金調達にともなう資本コストを差し引いて計算します。または、ROICと資本コスト率の差に投下資本額を乗じて計算します。

EVA ＝ NOPAT － 資本コスト

または

EVA ＝（ROIC － WACC）× 投下資本額

ROIC ＝ NOPAT ÷ 投下資本額

●EVA

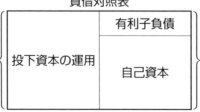

貸借対照表

EVA ＝（ROIC－WACC）×投下資本額
　　 ＝NOPAT－加重平均資本コスト×投下資本額
EVAスプレッド＝ROIC－WACC

◆加重平均資本コスト（WACC）

　WACC（Weighted Average Cost of Capital）とは投下資本の調達に要する加重平均資本コスト（調達金利）のことで、株主資本に対する「自己資本コスト」と有利子負債に対する「負債資本コスト」を加重平均して計算します。これは、企業が最低限あげなければならない期待収益率となります（なお、有利子負債の利息は税金計算上損金となりますから、節税効果を加味します）。

$$\text{WACC}(\%) = \frac{\text{自己資本}}{\text{自己資本} + \text{有利子負債}} \times \text{自己資本コスト}(\%)$$

$$+ \frac{\text{有利子負債}}{\text{自己資本} + \text{有利子負債}} \times \text{有利子負債コスト率}(\%)$$

$$\times (1 - \text{実効税率})$$

◆EVAスプレッド

　企業の本質的な収益力を表わすROICが資本調達コストを表わすWACCをどれだけ上回っているかを測定する指標です。

$$\text{EVAスプレッド}(\%) = \text{ROIC} - \text{WACC}$$

■■ 問題演習1

　A社の発行済株式数は2,000株、株価が1,000円、借入金が1,800万円
（利率5％）、株主資本コスト25％（つまり株主が年率25％のリターン
を求めている）とした場合、WACCは次のように計算されます（単
位は千円）。なお、実効税率を40％とします。

$$25\% \times \frac{2,000}{18,000+2,000} + 5\%(1-0.4) \times \frac{18,000}{18,000+2,000} = 0.052$$

　負債コストは実効税率を差し引いて計算します。その理由は負債利
息は税務上は損金となり節税効果があるからです。

　以上に基づいてWACCを計算すると5.2％となります。この意味は、
企業価値を高めるには5.2％を上回る利益が必要だということです。
　ドラッカーは、「資金のコストを超える利益を生みださない限り、
事業は赤字である。利益を上げているかのごとく税金を払っていても
関係はない」（『明日を支配するもの』上田惇生訳、ダイヤモンド社、
1999年）と、EVAの考え方の重要性を指摘しています。

■■ 問題演習2

　次の会社のEBIT、EBITDA、NOPAT、EVAを計算しなさい。なお、投下資本は1,000、WACCは20%とします。

売上高		4,000
売上原価		2,000
売上総利益		2,000
販売費及び管理費		1,200
営業利益		800
営業外収益	受取利息	100
	その他	50
営業外費用	支払利息	200
	その他	20
経常利益		730
特別利益		170
税引前当期純利益		900
法人税等		360
税引後当期純利益		540

うち減価償却費	500
投下資本	1,000
WACC	20%
実効税率	30%

解答		
EBIT	税引前当期純利益900 ＋ 支払利息200 － 受取利息100	1,000
EBITDA	EBIT1,000 ＋ 減価償却費500	1,500
NOPAT	営業利益800 × （1 － 実効税率30%）	560
EVA	NOPAT560 － 資本コスト200*	360
*資本コスト	投下資本1,000 × WACC20%	200

損益計算書の経営指標の種類

さまざまな指標で会社の収益性を評価する

　損益計算書分析の目的は**会社の収益性を測定評価する**ことで、基本的には、**売上高に対する各種利益や費用の割合**を用います。

　ここでは、「売上高総利益率」「売上高営業利益率」「売上高経常利益率」「売上高当期純利益率」「EBITDAマージン」「インタレスト・カバレッジ・レシオ」を解説します。

■■ 売上高総利益率の意味

　売上総利益を売上高で割った値で、**粗利（益）率**とも呼ぶことがあります。

$$売上高総利益率（粗利益率） = \frac{売上総利益}{売上高}$$

　売上高総利益率が高い会社の製品は競争力が強く、逆に低い会社の製品は利益を生み出す力が弱いとされています。

　確かに、売上高総利益率が低い会社は値引き合戦に巻き込まれていたり、コスト管理がずさんだったりします。

　しかしながら世界一競争力があり、世界一原価管理が徹底しているトヨタ自動車の売上高総利益率が20％に満たない理由は説明できません。形式的な分析では本質は見抜けない、ということです。安全と快適さを追求する自動車づくりには想像以上のコストがかかります。そのなかで、利益を稼ぎ出すのは並大抵ではない、ということまで深く考える必要があります。

　また、業種が異なれば売上高総利益率は違ってきますから、異業種

間の比較は意味がないことも知っておくべきです。

　売上高総利益率は、**同一会社を時系列的に観察する**ことが**大切**です。
　売上高総利益率が年々低下している場合、その原因として、製品の競争力低下による販売価格の引き下げ、商品や材料の仕入原価の上昇、利幅の大きい製品の売上構成割合の減少などが考えられます。
　また、売上高総利益率が変わらなくても、営業利益率が低下している場合は要注意です。売上の減少を防ぐために、販売促進費（実質的な売上値引）を増やしていることがあるからです。

◆**売上総利益と売上高総利益率とでは、どちらが重要か？**

　重点販売品を決めるとき、ついつい粗利益の大きい製品、いい換えれば粗利益率の高い製品を選びがちです。
　理由は簡単です。粗利益率の高い製品をたくさん売れば、売上高総利益率も高くなり、したがって、売上総利益も多くなると思ってしまうからです。しかし、ここには大きな落とし穴が潜んでいることに気づくべきです。

　損益計算書の売上総利益は、一定期間に販売されたすべての製品の売上高に製品ごとの粗利益率をかけた金額の合計です。同時に、製品ごとの販売数量に製品ごとの粗利益をかけた金額の合計でもあります。

　売上総利益　＝　Ａ品売上高　×　Ａ品粗利益率　＋　Ｂ品売上高　×
　　　　　　　　　Ｂ品粗利益率……
　　　　　　＝　Ａ品販売数量　×　Ａ品粗利益　＋　Ｂ品販売数量
　　　　　　　　　×　Ｂ品粗利益……

　この式からおわかりのように、「製品別粗利益率」は、売上総利益の構成要素の１つに過ぎません。

経営にとって大切なのは金額ですから、損益計算書を分析する際は、**売上総利益を販売数量で稼いでいるのか、製品ごとの粗利益率で稼いでいるのか、その両方で稼いでいるのかを見極める**ことが大切です。

　売上高総利益率の悪化が、「在庫品の劣化」によることもあります。保管している材料、製品、商品が損傷し、あるいは質的に劣化したため「棚卸資産減耗損」や「評価損」を計上する場合です。
　貸借対照表における「棚卸資産の増減」も、合わせてチェックすることが大切です。

■■ 売上高営業利益率とは？

　本業の利益獲得能力を表わす指標が、「**売上高営業利益率**」です。この値が高い会社ほど、**販売している製品の収益力が高く**、さらに**販売活動も、管理活動も効率的に行なわれている**と考えることができます。

$$売上高営業利益率 = \frac{営業利益}{売上高}$$

　この比率は、業種によって大きく異なります。一般的に「医薬品メーカー」や「サービス業」などでは高く、小売業や商社などでは低い傾向にあります。しかし、最終的には企業努力が売上高営業利益率を高めていることを忘れてはいけません。

■■ 売上高経常利益率とは？

　「**売上高経常利益率**」は、経常利益を売上高で割った値で、本業だけでなく、本業以外の財務活動など（営業外収益・費用）も考慮した**総合的な収益性**を表わします。

$$売上高経常利益率 = \frac{経常利益}{売上高}$$

この指標は、**会社の総合的な収益力**を表わす指標です。売上高営業利益率との違いは、**会社の資金調達の実情**を反映している点です。たとえば、有利子負債に頼った経営をしている会社の場合、支払利息（営業外費用）は大きくなって、経常利益率は低くなります。

逆に、手持ち資金に余裕がある場合、その運用益である受取利息、受取配当金（営業外収益）をもたらすため、経常利益率は高くなります。

もし、多額の投資有価証券や長期貸付金を有しているのに、受取配当金や利息が少なく経常利益率も低い会社は、それらの投資が有効に機能していないことが考えられます。投資先の子会社の経営が悪化して、貸付金が不良債権化しているのかもしれないからです。

■■ 売上高当期純利益率の求め方

売上高当期純利益率とは、「売上高」に対する「税引後当期純利益」の割合で、**会社のすべての活動の結果として得られる利益率**です。税引後の当期純利益を使います。

$$売上高当期純利益率 = \frac{税引後当期純利益}{売上高}$$

土地や投資有価証券などを売却して、当期純利益率を高く見せていることがありますから、経常利益率と当期純利益率が大きく異なる場合は、特別損益の内容をよく調べる必要があります。

▪️ EBITDAマージンの求め方

「売上高」に対する「EBITDA」の割合です。EBITDAは営業キャッシュフローの近似値ですから、**売上高がどれだけの営業キャッシュフローをもたらしたか**を表わす指標です。

$$\text{EBITDAマージン} = \frac{\text{EBITDA}}{\text{売上高}}$$

3−4で説明したように、EBITDAは、企業が本社を置く国の税率、金利水準、会計基準の相違の影響を取り除いた利益ですから、外国の同業他社と比較する場合に有効な指標です。

▪️ インタレスト・カバレッジ・レシオの求め方

「インタレスト・カバレッジ・レシオ」は、**金融費用の支払能力**を示す指標で、営業活動と財務活動で得た利益（営業利益＋受取利息＋受取配当金）が、インタレスト（支払利息・割引料）を、どの程度上回っているかを示しています。

財務の安全性を「損益計算書の側」から見た指標で、この倍率が高いほど、**利息の支払能力が大きく、有利子負債返済の安全度が高い**ことを意味します。

$$\text{インタレスト・カバレッジ・レシオ}$$
$$= \frac{\text{（営業利益 ＋ 受取利息 ＋ 受取配当金）}}{\text{金融費用（支払利息・割引料）}}$$

3-6

損益計算書分析での留意点

ビジネス活動をイメージすることが大切

■■ 損益計算書の本質を知る

これまでの説明で、損益計算書分析が、

1．収益性分析が中心であること

2．比率よりむしろ金額の推移が重要であること

3．機械的な比率分析では、何も見えてこないこと

であると、ご理解いただけたと思います。

したがって、収益力を知るには、損益計算書そのものの本質を理解する必要があります。

別のいい方をすれば、損益計算書分析には限界があり、そのことを知らないで数値を鵜呑みにすると痛い目に遭うということです。

改めて損益計算書について考えてみましょう。損益計算書は一定期間（月、四半期、半期、年）の業績を、その期間の収益（売上）から費用を差し引いて計算します。

なぜ、引き算で計算した値が業績を表わすといえるのでしょうか。

これは、会計理論が、期間利益を成果である期間収益とそれを獲得するために払った努力である期間費用の差額、と考えているからです。

つまり、期間費用はその期間で消費した価値であり、期間収益はその結果、増加した価値である。そして、努力と成果の間には因果関係があるから、その差額である期間利益は純粋に価値が増加した部分であり、その期間における会社の業績を表現している、と考えているのです。

前述のとおり、この考え方を「費用収益対応原則」といい、伝統的

会計理論の根幹をなす原則です。したがって、ある支出が行なわれた場合、その効果が明らかに次期以後に及ぶと考えられるならば、それは「当期の費用」ではなく、「次期以降の費用」として処理するために貸借対照表に資産計上することになります。

当期の費用にするか、次期以降の費用にするかで、期間利益は変わってきますから、いつの期間の費用にするかの判断は、きわめて重要です。

では、ここで質問です。「費用収益対応原則」は、はたして合理的といえるでしょうか。

素朴な疑問として、同じ1億円の費用をかけても、1,000万円の営業利益の会社（A社）もあれば、1,000万円の営業赤字の会社（B社）もあります。

このような差が生じるのは、B社の努力（費用）が十分な成果（売上）をもたらしていないからです。B社は営業担当者が多いわりに1人当たりの売上が少ないかもしれないし、本社の家賃がかかりすぎているのかもしれません。はっきりといえることは、B社はA社と比べて費用をムダ使いしているということです。

ところが、損益計算書を見てもどこでムダ使いしたのかはわかりません。つまり、**使った費用のうち、どれだけが収益（成果）をもたらしたのか、わからない**のです。しかも、費用のうち、わずかな部分だけしか成果に貢献していない可能性が高いのです。このことを経験的に証明しているのが**パレートの法則**です。

■■ パレートの法則と利益率分析

「所得と富の80％は20％の富裕層に遍在する」

イタリアの経済学者ヴィルフレート・パレート（Vilfredo Pareto）

が1897年に発表した「パレートの法則」です。全体の数値の大部分は、全体を構成するうちの一部の要素が生み出しているとする説で、会社に置き換えれば、**全体のなかのごく少数の要因が利益、コスト、売上の全体を決める**ということです。

この経験則は「20対80の法則」とも呼ばれ、興味深いことに、その具体例はいくらでも見つけることができます。

たとえば、どの学校でも成績優秀者は上位20％です。売上総利益の80％は上位20％の製品によるものですし、売上の80％は上位20％の得意先に対するものです。

ドラッカーは、パレートの法則をより厳しくとらえて、次のようにいっています。

「第一に、業績の90％が業績上位の10％からもたらされるのに対し、コストの90％は業績を生まない90％の活動から発生する。業績とコストとは関係がない」（『創造する経営者』上田惇生訳、ダイヤモンド社、2007年）

たとえば、一定期間、営業部員の仕事を観察すると、こんなことに気づくはずです。つまり、関係者との打ち合わせ、顧客との面談、新規提案書や見積書の作成など利益をもたらす活動に要した時間は、就業時間全体のせいぜい10〜20％に過ぎず、残りの80〜90％の時間は、得意先への移動、クレーム処理、ルーチン化された社内ミーティング、提案書のつくり直し、再見積りといった**価値を生まない活動**に使われている。

ところが会社は、営業部員に対して、仕事の中身ではなく、**就業時間の対価**として給料を支払っています。

工場従業員に支払われる賃金も同じです。実際に作業時間を調べてみると、多くの会社では、製造活動に使われる時間はせいぜい5〜6

時間程度で、残りの時間は、段取り、手直し、ミーティング、掃除、手待ち（何もしない時間）といった、価値を生まない活動に使われています。

広告宣伝費や販売促進費も同じです。費用対効果が曖昧なまま、惰性で販売費が使われています。

要するに、**すべての費用と収益の間に因果関係があるわけではない**、ということです。つまり、費用のうち価値の生成に貢献している割合はごくわずかで、費用の多くは、何の成果ももたらさずにムダに使われているのです。

ということは、**費用の使い方の巧拙が、営業利益率に大きく影響する**ということです。

費用は意識してムダなく使わない限り、成果をもたらしません。営業利益率が高い会社は、会社努力の結果であり、偶然や成り行きではないのです。

■■ ビジネス活動を思い描く

損益計算書分析をする際には、単に利益率を比較するだけでなく、**ビジネス活動をイメージする**ことが大切です。

売上高総利益率が大きい会社は製品力を高める努力をしているか、営業利益率が高い会社は商品力だけでなく、販売活動や管理活動に注力しているか、経常利益率の高い会社は財務についても細心の注意を払っているかどうかを思い浮かべながら、損益計算書を読み解くのです。

損益分岐点分析とは?

■■ 利益管理が大切

　会社の活動を簡単に表現すると、「価値を付与し富を創造する」ことです。そして、会社が創造した富が「利益」です。

　将来にわたって会社が存続するためには、「利益を創造し続けること」が不可欠です。とはいえ、がむしゃらに商売すれば利益が出るというわけではありません。会社の利益構造がどのようになっているか——。そこを知ったうえで適切に行動すること、すなわち**利益管理**が大切です。

■■ 損益分岐点分析の意味

　利益管理の代表的な手法に「**損益分岐点分析**」があります。これは、**生産量や売上高（volume）の変化にともなう利益（profit）と費用（cost）の変化に関する分析手法**のことで、頭文字を取って「**CVP分析**」とも呼ばれ、利益計画、予算編成、意思決定などにも用いられます。

　ここで**損益分岐点売上高（Break Even Point：BEP売上高）**とは、**売上高と費用が一致して、利益がゼロになる売上高**のことです。実際の売上高が、BEP売上高より多いと利益が生じ、BEP売上高より少なければ損失が生じる分かれ目であることから、このように表現されています。

利益（黒字）　実際の売上高 ＞ 損益分岐点売上高

利益ゼロ　　　実際の売上高 ＝ 損益分岐点売上高

損失（赤字）　実際の売上高 ＜ 損益分岐点売上高

■■ 損益分岐点分析の用途

　損益分岐点分析は、通常、①他社の収益性分析と②自社の利益管理の2つの局面で用いられます。

①他社の収益性分析

　利益構造と損益分岐点が明らかになりますから、分析対象会社の収益力や不況抵抗力を知ることができます。

②自社の利益管理

　中長期利益計画を策定する際に、販売価格、変動費、固定費を変化させた場合、計画利益はどのように増減するか、また、短期利益計画策定に際して、目標利益を達成するには、あといくら売上高を必要とするか、変動費と固定費をどれだけ削減すべきかをシミュレーションする際に用います。

■■ 損益分岐点分析のやり方

　損益分岐点分析には、①**売上高と変動費と固定費による方法**と、②**売上高と限界利益による方法**があります。

①売上高と変動費と固定費による方法

　費用をその属性によって「変動費」と「固定費」に分けます。
　「**変動費（VC）**」は、売上高（S）と比例的に増減する費用、「**固定費（FC）**」は、売上高の増減とは無関係にほぼ一定額生じる費用のことです。
　変動費を売上高で割った値を「**変動費率**」といいます。

```
総費用 ＝ 変動費 ＋ 固定費
　　　 ＝ 売上高 × 変動費率 ＋ 固定費
```

したがって、利益がゼロになる損益分岐点売上高（BEP売上高）は、次のように表わすことができます。

BEP売上高 − BEP売上高 × 変動費率（変動費）− 固定費 ＝ ゼロ

$$\text{BEP売上高} = \frac{\text{固定費}}{1 - \text{変動費率}}$$

●CVP図

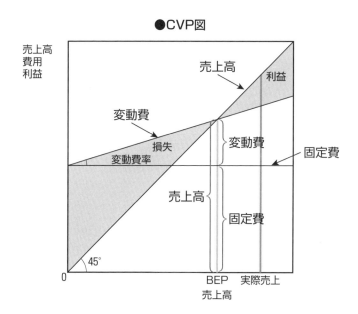

上図から明らかなように、実際の売上高がBEP売上高より左に位置している場合は「損失」、右側の場合は「利益」となります。

②限界利益と固定費による方法

売上高から変動費を差し引いた値を「**限界利益**」、これを売上高で割った値を「**限界利益率**」といいます。

$$限界利益率 = \frac{限界利益}{売上高}$$

　損益分岐点売上高（BEP売上高）は利益（P）がゼロの売上ですから、次のように表わすことができます。

$$BEP売上高 \times 限界利益率 - 固定費（FC） = ゼロ$$

　したがって、損益分岐点売上高は、固定費を限界利益率で割った値となります。

$$BEP売上高 = \frac{固定費}{限界利益率}$$

　限界利益と固定費は、下図のように限界利益がどれだけの固定費を回収しているかを表わしています。

●限界利益と固定費を表わしたCVP図

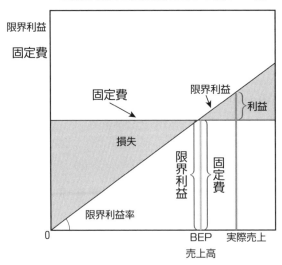

　このCVP図は、変動費が限界利益に隠れた形になっています。見方は、117ページのCVP図同様、実際の売上高がBEP売上高の左であれば損失（限界利益－固定費＜０）、右なら利益（限界利益－固定費＞０）です。どちらのCVP図も、実際売上高がBEP売上高より右に離れれば離れるほど、利益は大きくなります。

■■ 損益分岐点分析の指標

　次に損益分岐点分析に関する指標を紹介します。

①損益分岐点売上高比率の求め方

　BEP売上高を実際売上高で割った値を「**損益分岐点売上高比率**」といいます。

$$損益分岐点売上高比率 \ = \ \frac{BEP売上高}{実際売上高}$$

　この比率が低いほど、いい換えれば実際売上高がBEP売上高より多いほど**利益が多く**、したがって**不況に対する抵抗力が強く**、会社の**収益力は高い**と判断できます。

②安全余裕率の求め方

　実際の売上高が、BEP売上高をどの程度上回っているかを示す指標を「**安全余裕率**」といいます。

$$安全余裕率 \ = \ \frac{（実際の売上高 \ - \ BEP売上高）}{実際の売上高}$$
$$= \ 1 \ - \ 損益分岐点売上高比率$$

　この値が大きい会社ほど**赤字転落までの余裕があり**、不況に対する**抵抗力が強く**、**赤字になりにくい経営体質である**、と判断できます。

損益分岐点分析の事例

シャープにおける収益性の変化

■■ シャープの業績はなぜ下がったのか？

　最悪だった2011年3月期から2012年3月期、その後ホンハイ（鴻海）傘下で生まれ変わった2021年3月期と2022年3月期におけるシャープの状況の変化を見ていくことにしましょう（次ページ参照）。

　2011年3月期と比べて2012年3月期の売上高は激減し、営業利益は赤字に転落しました。この原因は経営戦略の失敗にあります。シャープは「液晶のオンリーワン」を目指して、巨額の資金を亀山工場と堺工場に投入しました。亀山第2工場が稼働したのが2006年ですから、2007年3月期の損益計算書はシャープの絶頂期のものといってよいでしょう。その後、2009年に世界最大規模の液晶パネルを生産する堺工場が稼動しました。

　ところが、液晶のコモディティ化により値崩れが進み、さらに急激な円高で価格競争力が落ち、販売単価は急落しました。同社の液晶パネルの付加価値の低下は、限界利益率にはっきりと表われています。

　つまり、**売上数量が減り販売単価も下がった結果、売上高が減少して限界利益が減少し、限界利益率も低下した**というわけです。

$$利益↓ ＝ \underbrace{売上数量↓ × 販売単価↓ － 変動費}_{限界利益↓} － 固定費↑$$

　さらに、意図したように固定費の削減が進まず、2012年3月期になるとついに赤字に転落してしまいました。

●シャープの単独損益計算書

(単位：百万円)

	2007年3月	2011年3月	2012年3月	2021年3月	2022年3月
売上高	2,595,470	2,431,217	1,873,629	1,179,143	563,030
売上原価	−2,154,562	−2,154,693	−1,758,724	−1,019,142	−467,965
売上総利益	440,908	276,524	114,905	160,001	95,065
販売費及び一般管理費	−297,198	−266,509	−229,832	−98,406	−80,050
営業利益	143,710	10,015	−114,927	61,595	15,015
売上高総利益率	17.0%	11.4%	6.1%	13.6%	16.9%
営業利益率	5.5%	0.4%	−6.1%	5.2%	2.7%
限界利益率	28.0%	28.0%	24.0%	24.0%	24.0%
固定費	583,022	670,726	564,598	221,399	120,112
損益分岐点売上高	2,082,220	2,395,449	2,352,492	922,497	500,468
安全余裕率	19.8%	1.5%	−25.6%	21.8%	11.1%

※2021年、2022年ともに製造原価報告書が公開されていないため、限界利益率は2012年と同一として計算。

　流動性危機が続いたシャープは2014年に台湾のホンハイの傘下に入ると、徹底した固定費削減が行なわれました。

　また、2020年5月29日、主力の液晶パネル事業とカメラモジュール事業を分社化しました。この理由は、ハイエンド製品の売上を増やすことによる限界利益率の向上、そして、より一層の固定費削減を進める点にあると考えられます。

　残念なことに2021年3月期、2022年3月期の製造原価報告書が公表されていないため、損益分岐点売上高が計算できません。そこで、限界利益率が2012年3月期と変わらないものと仮定して計算したところ、安全余裕率は2021年3月期に21.8%と大きく改善しましたが、2022年3月期には11.1%と悪化しました。

損益分岐点分析（CVP分析）の前提とは？

5つの前提があることを押さえよう

■■ 損益分岐点分析に関する疑問

　損益分岐点分析は非常に使い勝手のよいツールに思えますが、実際に使ってみると、さまざまな疑問が沸いてきます。

　第一に、「変動費」の範囲です。何に対して変動する費用なのか。生産量か、販売量か、売上高か。

　第二に、変動費でも固定費でもない費用をどのように扱うのか。たとえば、固定費とされる人件費は、残業代やパートの採用などで月々変動します。ほとんどの費用が、このような変動費でも固定費でもない中間的な費用ではないか。

　第三に、変動費率や限界利益率を一定としているが、現実は、これらは常に変動しているのではないか。

　第四に、棚卸資産の在庫がある場合に、限界利益をどのように計算するか。たとえば、売上高100、材料消費金額200とした場合、限界利益はマイナス100になってしまう。

　第五に、限界利益率が違う複数種類の製品を販売する会社の場合、製品構成が変われば、限界利益率は変化します。つまり、限界利益率を一定とするのは間違いではないか。

　結論をいえば、損益分岐点分析はさまざまな前提に立った手法なのです。この点について詳しく説明しましょう。

■■ 前提1：操業度に売上高を用いる

　「操業度」とは、会社が準備した生産能力の一定期間における利用状態のことです。CVP分析を行なう場合、何を操業度の尺度とする

かによって、**変動費と固定費の範囲が変わってきます**。

　管理会計では、操業度の尺度としては、機械時間、直接作業時間、生産数量、販売数量など「物量」を用いる場合と、材料費、労務費、売上高といった「貨幣価値」を用いる場合があります。

　理論的には物量を用いるべきなのですが、外部の財務諸表からでは物量はわかりませんし、共通する物量を入手するのは困難です。また、分析する対象は製造原価報告書ではなく、損益計算書であることを考えると、売上高を操業度の尺度とするのがもっとも合理的です。

▓▓ 前提2：変動費と固定費の2つに分解する

　固定費と変動費を分けることを「**固変分解**」といいます。これには勘定科目法、数学法、撒布図法、最小二乗法などの方法があります。このうち、実務でもっとも多く使われるのは「勘定科目法」です。

◆勘定科目法

　勘定科目の性格に従って固定費と変動費に分ける方法です。すなわち、操業度（売上高）に対して比例的に増減する費用を「変動費」、固定的に発生する費用を「固定費」とします。勘定科目別に固変属性を定義しておき、自動的に固変分解、つまり固定費と変動費に振り分けます。

　ところで、勘定科目のなかには明確に分けられないものがふくまれています。たとえば電力料金のように、操業がたとえゼロとなっても一定の額発生し、操業度の増加に応じて比例的に増加する費用があります。これを「**準変動費**」といいます。

　また、一定の範囲では増減しないが、ある水準を超えると一気に変動するのを繰り返す費用があります。これを「**準固定費**」といいます。

　具体例としては、生産量が拡大する局面で、管理できる規模を超えたときに追加的に増員する管理者の給料、あるいはバス会社において乗客が増加して1台では足りなくなった場合に増やすバスの減価償却

費、保険料、リース料などです。とはいえ、準固定費は通常の会社ではまれです。

●変動費、固定費、準変動費、準固定費

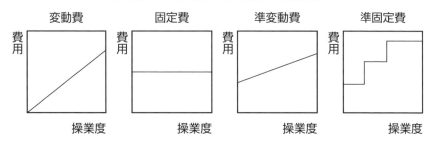

では、準変動費と準固定費をどう取り扱うかですが、準変動費は多くの場合「固定費」、準固定費も「固定費」とし、アルミ精錬工場など電力使用量の多い工場の光熱費については「変動費」、あるいは準変動費として「固定費」と「変動費」に分解します。

◆固変分解の具体例

売上高に対して増減する費用科目は、「製造費用」では材料費、外注費、修繕費、消耗品費などが、また、「販売費及び一般管理費」では出荷運賃費、商品仕入原価、販売手数料、広告宣伝費などが例に挙げられます。

しかしながら、修繕費や消耗品費は生産高との間にある程度の因果関係は認められるものの、比例して発生するわけではありませんから「固定費」とします。出荷運賃、販売手数料、広告宣伝費も同売上高と比例的に増減するわけではないため、これらも「固定費」です。

たとえば、出荷運賃は出荷量に比例的に増減する費用であって、売上高に対して「変動費」とはいえません。もし、運送業者と年間の固定契約を結べば「固定費」です。出荷運賃はビジネスの規模に対してほぼ固定的に生じますから、「固定費」とするのが合理的です。

販売手数料は、一定期間に取引数量や売上高など一定の条件を満た

した得意先に対して支払う報酬のことで、「販売促進費」「リベート」とも呼ばれます。販売手数料は、売上高に対して比例的に得意先に支払うもののほか、目標を達成した場合にのみ支払われるもの、特定の取引に対して支払われるもの、があります。さらに、回収金額に応じて支払われるものもあります。

以上の理由から、販売手数料を売上高に対する「変動費」とするのは無理があります。販売手数料も、現状のビジネスを維持するために生じる費用ですから「固定費」です。

広告宣伝費も「変動費」ではありません。広告費の効果が、どれだけの売上増をもたらすのかを証明できないからです。広告宣伝を増やしたからといって、売上が増えるわけではありません。むしろ、一定の売上規模を維持するために必要な「固定費」と考えるべきです。

◆真の変動費は限られる

このように見てきますと、変動費はかなり限られてきます。売上高に対して、あるいは生産高に対して変動的に増減する費用は、製造業なら製品そのものを構成する材料費と外注費、小売業や卸業なら仕入商品原価、また、販売費なら売上高に完全に連動して支払われるロイヤルティ（特許権などの知的財産使用料）に限定されます。

◆固定費の範囲とは？

したがって、材料費、外注費、商品原価、ロイヤルティなどの変動費以外のすべての費用が「固定費」です。具体的には、減価償却費、固定資産税、火災保険料、リース料、不動産賃借料、給与、役員報酬、支払利息、受取利息（マイナスの固定費）などです。

これらの費用が毎月ほぼ固定的に生じる理由は、**同じビジネスを続けるために必要な費用**だからです。つまり、ビジネスの仕方を変えない限り、これらの費用は固定的に生じるということです。

▓▓ 前提3：生産したものはすべて販売される

　材料、仕掛品、製品などの在庫は一切なく、製造総費用（材料費、労務費、経費）がそのまま売上原価になるとの前提に立っています。

　しかしながら、ビジネスには在庫が不可欠であり、このようなメーカーは現実にはほとんど存在しません。ほとんどのメーカーでは、製造活動と販売活動にはタイムラグがありますから、売上高から差し引く変動費は、当期に消費した材料費や外注費ではなく、売上原価にふくまれる部分です。

　このため、実際にCVP分析をする場合、**売上原価を製造総費用を構成する原価要素の割合で変動費と固定費に分解する**ことになります。

（単位：百万円）

損益計算書		
売上高		1,500
売上原価	期首製品	250
	製品製造原価	900
	期末製品	−350
	計	800
売上総利益		700
販売費及び一般管理費		−500
営業利益		200
受取利息		100
支払利息		−50
経常利益		250

損益分岐点分析		
売上高		1,500
変動費		−480 (800×60%)
限界利益		1,020
固定費	売上原価	−320
	販管費	−500
	営業外損益	50
	計	−770
利益		250

製造原価報告書	
材料費	600
労務費	200
製造経費	200
製造総費用	1,000
期首仕掛品	150
期末仕掛品	−250
製品製造原価	900

製造総費用に占める変動費（材料費）の割合　60%（600÷1,000）
売上原価における変動費　　　　　　　　　　480（800×60%）

■■ 前提４：限界利益率は変わらない

　「限界利益率」を増減させる要因には、販売価格、材料費率、外注単価、仕入単価、製品構成などの変動がありますが、損益分岐点分析では、販売数量が増減しても、これらは一定として計算します。つまり、ある瞬間の状態（財務諸表の原価構造）が、そのまま続くという前提に立っているのです。

■■ 前提５：固定費は変わらない

　現実的には、契約によって支払金額が固定されている費用（たとえばリース料や家賃など）以外は毎月増減します。しかし、このように変動する費用も、瞬間の状態がそのまま続くとの前提に立っています。

　以上を前提とはしていますが、CVP分析は、会社全体の利益構造を俯瞰し、将来に向けた利益計画や利益管理を作成する際に欠かせない分析ツールです。

変動費と固定費の本質を知る

変動費と固定費は、本質的にまったく違う費用

■■ 採用する基準で、管理会計情報は大きく変わる

もう一歩踏み込んで、変動費と固定費の違いを考えてみましょう。まずは復習から。

管理会計のテキストでは、操業度に対して比例的に増減する費用を「変動費」、操業度とは関係なく発生する費用を「固定費」に分けています。

操業度とは、生産活動や販売活動の程度を表わす尺度で、例として、機械設備の稼働時間、作業者の直接作業時間、生産量、販売量、売上高などがある、と書かれています。つまり、工場部門と営業部門それぞれに、いくつもの操業度が存在するわけですから、変動費もいくつもあるということです。

たとえば、工場部門でいえば、材料費、外注費、電力費、直接労務費が変動費ですし、営業部門からいえば、出荷運賃、ロイヤルティ、販売手数料も変動費になります。

しかし、実際に損益分岐点分析を行なう際に、何を変動費と固定費に分類基準とするかでBEP売上高は変わってきます。

では、変動費と固定費はどのような基準で分類すべきでしょうか。そして、そもそも変動費と固定費とは本質的にどこが違うのでしょうか。

■■ 変動費と固定費の本質とは？

具体例を頭に浮かべながら考えてみましょう。

case

　今日は、友達の芽衣子とイタリアンレストランで食事です。店の入り口には３色の国旗。店の中は、まるでミラノの高級店のつくりです。客の人数は20名で、すべてのテーブルは客で埋まっています。

（儲かっているな）
　あなたは直感的にそう思いました。
　テーブルに腰を下ろしメニューを開くと、そこには、前菜、パスタ、メインディッシュ、ドルチェがずらりと載っています。そしてワインリストを広げました。バローロ、バルバレスコ、タウラージ、アマローネ。聞いたことのないワインのオンパレードで、価格はどれも１万円以上です。あなたは、予算を考えながら料理とワインを選ぶことにしました。

（高いなあ……）
　あなたは、ついつい口にしてしまいました。こんなに高い値段で商売しているのだから、絶対に儲かっているに違いない。

　すると、芽衣子が口を開きました。
　「ワインは高いわね。でも、料理は意外とお値打ちね」
　「この値段で？」
　あなたは、芽衣子が考えていることが理解できません。

　「この店って固定費がかかっているし、それに、料理の評判がいいってことは、食材も厳選しているってことでしょ。固定費が高くて、変動費率も高い。それでこの値段でしょ。案外、利益は少ないんじゃないかしら」
　「君って、管理会計を勉強してたんだ……。でも、この店は儲かっていると思うな」
　あなたは芽衣子に、この店が儲かっていることを証明してみせる、と大見得を切ってしまいました。

最初にレストランのビジネスプロセスを考えました。食材を購入し、受注した料理を調理し、できた料理を皿に盛りつけ、フロアー担当が配膳する。このときに生じる費用は、野菜、肉といった材料費、料理人やフロアー担当へ支払う労務費、店の賃借料、厨房機器、食器、冷蔵庫にかかる電力費、水道代などの経費です。

　次に、これらの費用を「変動費」と「固定費」に分類することにしました。変動費は、野菜や肉、調味料などの材料費です。なぜなら、売上が増えれば、材料の使用量も増えて材料費は増えるからです。
　固定費はというと材料費以外の費用、と考えました。これらは、売上高の多寡とは関係なく固定的に生じるからです。

　「この店は固定費が高い」と芽衣子がいった理由をあなたは考えました。大衆相手で安さを売り物にするレストランと違って、この店は豪華な雰囲気と繊細なおもてなしを売りにしているから、維持費が多くかかる。それに、客が1人も来なくても、この店で商売を続ける限り、毎月100万円程の維持費がかかるのではないか。

（なるほど。そういうことなんだ）
　あなたは改めて固定費の意味を理解しました。

　たとえば、固定費が毎月100万円かかるとすれば、限界利益も100万円稼がないと赤字になる、ということです。

　「料理の材料費って、どのくらいか知ってる？」
　あなたは芽衣子に尋ねました。
　「お店によると思うけど、売値の30％くらいかしら」

　あなたは、スマホを取り出して計算を始めました。客の人数はざっと20人。1人当たり5,000円使うとして、限界利益は3,500円です。月

20日営業して、毎日平均20人来店するとした場合、月間の限界利益は140万円（3,500円×20人×20日）です。来客数が1日5人減ると限界利益は105万円となり、最終利益はほぼゼロになる計算です（3,500円×15人×20日＝105万円）です。つまり、何かの理由で客足が遠のけば、すぐに赤字になってしまうということです。

「確かに。このお店は見た目より経営は厳しいかもしれないね」
芽衣子の考えが正しいことに気づいたのです。
「食事だけでは利益を出すのはむずかしいの。だからワインで客単価を引き上げているのよ」
ワインを一本売れば、客単価も限界利益も大きく跳ね上がるから、と芽衣子はいうのです。
「じゃあ、ボクたちも一本飲もうか」
あなたがいうと、芽衣子はすかさず注文しました。
「一番高いアマローネをください」

レストランに限らず、メーカーは材料に価値を付与して製品をつくります。このとき、**価値を付与される側の材料費が「変動費」、材料に価値を付与する際に消費する労務費や経費が「固定費」**。そして、付加価値活動の結果、増えた価値、つまり売値と材料費との差額が「**限界利益**」です。

このイタリアンレストランは固定費が高く、客の人数からして、簡単には利益は出ないだろうと、芽衣子は考えたのでした。

以上からおわかりのように、**変動費と固定費は本質的にまったく違う費用**ということです。操業度に対して比例的に生じるかどうかは結果にすぎず、その本質は、会社のビジネスプロセスにおける活動を維持し、価値を付与するために使われる費用が「固定費」、そしてビジネスプロセスを通じて、価値を付与される側の費用が「変動費」なのです。

■■ なぜ、利益が出ないのか？

　同じ業種であっても、常に黒字の会社がある一方で、なかなか赤字から抜け出せない会社があります。

　営業利益率が悪い会社を、「費用が多くかかりすぎ、収益性に問題がある」と評価しても、損益計算書を分析したことになりません。大切なのは、「なぜ費用が多くかかりすぎたか」ということです。つまり、なぜ変動費が多すぎるのか、なぜ固定費が多すぎるのかの両面から、考えをめぐらすことが大切です。

　材料費が多い理由は、他社より高価な材料を使っているからかもしれないし、余った食材を廃棄するなど材料をムダに使っているからかもしれない。また、固定費が多いのは、家賃が高すぎたり、従業員を雇いすぎているからかもしれない。その結果、用意した店や従業員が、計画した価値を生み出していないからかもしれない。どういうことかというと、レストランに客が来なければ、厨房設備は使われないし、従業員はただ仕事を待つだけで、何の価値も生まない。それでも店の維持費や人件費はかかる。掃除、打ち合わせばかりでは価値は生まれない。

　つまり、**営業利益率が悪い会社は、価値を生み出さない活動の割合が多く、費用の使い方に十分な注意を払っていない**のです。この点を考えながら損益計算書分析を行なう必要があります。

3-11

業種によるCVP図の形を覚える

ホテル業、自動車メーカーの特徴を見抜く

■■ ホテル業の特徴

　次のCVP図は、2020年3月期の帝国ホテルの損益計算書にもとづいて作成したものです。

●帝国ホテルのCVP図

　経常利益
　3,495百万円

　限界利益

　固定費
　39,589百万円

　限界利益率
　79%

　BEP売上高　　　実際売上高
　50,132百万円　　54,558百万円

　ホテル業の特徴は、**限界利益率が高いものの固定費が大きいため、稼働率が低い（集客が悪い）とすぐに赤字になってしまう**ことです。CVP図から、こうした特徴がはっきりと表われています。

　次ページの表は、2011年、2012年、2014年及び2020年〜2022年の3月期における損益の推移です。

　ここから読み取れることは、ホテルの売上高は景気の影響を受けやすいこと、そして費用のうちほとんどが「固定費」だということです。したがって、ホテル経営の最重要課題は、第一に客室の稼働率を高め（つまり空室率を低くして）売上高を増やすことと、そして第二にムダな固定費の徹底した削減です。

●帝国ホテルの例

（単位：百万円）

	2011年3月	2012年3月	2014年3月	2020年3月	2021年3月	2022年3月
売上高	50,915	48,676	53,155	54,558	22,051	28,617
材料費	−11,664	−11,251	−12,066	−11,474	−4,339	−6,472
限界利益	39,251	37,425	41,089	43,084	17,712	22,145
販売管理費	−37,465	−35,100	−37,516	−39,923	−29,422	−33,266
営業利益	1,786	2,325	3,573	3,161	−11,710	−11,121
営業外収益	236	221	310	334	3,808	3,337
営業外費用	0	0	0	0	0	−44
経常利益	2,022	2,546	3,883	3,495	−7,902	−7,828

限界利益率	77%	77%	77%	79%	80%	77%
固定費	37,229	34,879	37,206	39,589	25,614	29,885
BEP売上高	48,292	45,365	48,132	50,132	31,889	38,619
損益分岐点比率	95%	93%	91%	92%	145%	135%
安全余裕率	5%	7%	9%	8%	−45%	−35%

（＊材料費はすべて変動費とみなし、限界利益率は小数点以下を四捨五入した）

　2011年3月に起きた震災の影響で2012年3月期の売上高が大きく落ち込んだものの、人件費や業務委託費の大胆な削減を続けることで経常利益を維持しました。ところが、2019年末から世界中に広まった新型コロナウィルス感染症の流行により宿泊客は激減し、2021年3月期以降の売上は半減しました。固定費削減努力もむなしく営業赤字に陥ってしまいました。このことから、利益の源泉は何と言っても売上高であることがよくわかります。

■■ トヨタ自動車はどうやって危機を乗り越えたか？

　2008年9月15日、アメリカの投資銀行であるリーマン・ブラザーズが破綻しました。負債総額約60兆円という史上最大の倒産は、世界規模で金融危機をもたらしました。世にいう「リーマン・ショック」です。これがきっかけで、トヨタ自動車の売上高は何と3兆円近く減少しました。1.1兆円の営業利益は1,900億円の赤字に転落し、その後

2009年3月期から2012年3月期までの4年間、営業損失が続きました。

ではなぜ、営業利益がこれほど急激に悪化したのでしょうか。そして、この危機をバネにして、どのように強靭な利益構造をつくり上げたのでしょうか。

いささか古いデータですが、原価管理の重要性を学ぶのに最適な事例ですのでご紹介します。

以下は、2008年3月期から2014年3月期までの単独損益計算書と損益分岐点に関する指標です。

●トヨタ自動車の例

(単位：百万円)

	2008年3月	2009年3月	2010年3月	2011年3月	2012年3月	2013年3月	2014年3月
売上高	12,079,264	9,278,483	8,597,872	8,242,830	8,241,176	9,755,964	11,042,163
変動費	−8,019,006	−6,832,704	−6,450,760	−6,232,850	−6,348,648	−7,021,358	−7,169,515
限界利益	4,060,258	2,445,779	2,147,112	2,009,980	1,892,528	2,734,606	3,872,648
限界利益率	33.6%	26.4%	25.0%	24.4%	23.0%	28.0%	35.1%
固定費	−2,951,657	−2,633,698	−2,475,172	−2,490,919	−2,332,334	−2,492,473	−2,603,643
営業利益	1,108,601	−187,919	−328,060	−480,939	−439,806	242,133	1,269,005
BEP売上高	8,784,693	9,976,128	9,900,688	10,208,684	10,140,583	8,901,689	7,417,786
損益分岐点比率	72.7%	107.5%	115.2%	123.8%	123.0%	91.2%	67.2%
安全余裕率	27.3%	−7.5%	−15.2%	−23.8%	−23.0%	8.8%	32.8%

営業外を除く

2009年3月期、トヨタ自動車はリーマン・ショックの影響を受けて売上高は激減し、一気に1,880億円の経常赤字に転落しました。その後、4年間の赤字を続けて2013年に劇的な復活を遂げました。

トヨタ自動車のすごさは、単に黒字になっただけでなく、より強靭な体力を身につけて復活したことです。どのように利益構造が変化したかを見ていくことにしましょう。

次ページの図は2008年、2009年、2014年の3月期のCVP図です。

◆2008年〜2009年の動き

2008年のリーマンショックの影響で、自動車の販売台数が大きく落

135

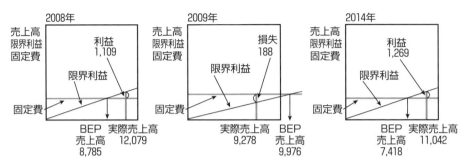

※単位は十億円

ち込みました。さらに、円高の影響による販売価格の低下とあいまって、売上高は激減し、限界利益率は一気に悪化しました。

　この結果、損益分岐点売上高は右に大きくシフトしました。しかも世界中で進めた新工場建設により、生産能力と固定費は大幅に増加しました。このため、生産能力が大幅に増え固定費が増大したのにもかかわらず販売台数は減少、といった負のスパイラルに陥ってしまったのです。

　もともと材料費比率が高く、限界利益率の低い自動車メーカーにとって、限界利益率の低下、固定費の増加、そして販売台数が20％も激減したことによるダメージは、新聞で報道されていた以上に大きかったのです。

◆2013年　復活

　2013年になると、前年度の4,400億円の営業赤字から2,400億円の営業黒字となりました。さらに、2014年の営業利益は1兆2,000億円と、リーマン・ショック直前の業績を上回りました。

　劇的に回復した理由は、カイゼンにより固定費を削減して固定費を下方にシフトさせ、購入材料費のコストカットにより限界利益率を高くしたことで、損益分岐点売上高を左にシフトさせたことです。さらに、営業努力による販売数量の増加、2013年以降の世界的な景気回復

ならびに円安が進み、1兆3,000億円もの営業利益をもたらしたわけ
です。より詳しく見ていくことにしましょう。

・製造ライン短縮による固定費削減

　運営コストが重くかかる製造ラインについて、稼働率の低い工程を
なくし、ラインの長さをほぼ半分に短縮しました。つまり、ラインの
維持に必要な設備や人員を大幅に減らすことで固定費を削減して製品
原価を下げ、ラインの短縮化によって生産スピードを上げて生産台数
を増やし、仕掛在庫を減らし、生産に必要な運転資金を大幅に減少さ
せました。

・調達コスト削減による変動費率の削減（つまり限界利益率の上昇）

　異なる車種で共有する部品の数を増やして部品点数を削減したこと
で、大量発注による部品の購入価格の引き下げを進め、限界利益率を
上昇させました。2009年以来、20％台だった限界利益率は、2014年に
は35％を超えるまでに上昇しました。

・販売数量増加と円安効果

　そして販売努力と円安、さらに世界的な景気回復の追い風を受けて、
売上高は劇的に増加しました。

　以上の結果、損益分岐点売上高は大きく左にシフトするとともに、
実際売上高は逆に右にシフトしたことで、大幅な利益の増加が実現し
たのです。

プロフィットツリーを活用する

黒字にする道筋を体系化した表

■■ 利益を増やすには？

　トヨタの事例でおわかりのように、CVP分析の知識があれば、赤字の会社を黒字にする道筋を策定することが可能です。この道筋を体系化した表を「プロフィットツリー」といいます。

●プロフィットツリーの例

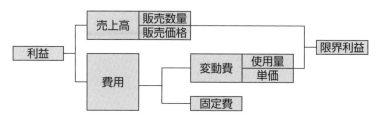

　「売上高」は販売数量に販売単価を乗じた値、「変動費」は材料消費量や外注数量に単価を乗じた値ですから、利益は次の式で表わせます。

利益
= 販売数量 × 販売単価 − 材料(外注)使用量 × 材料(外注)単価 − 固定費
　　　　　売上高　　　　　　　　　　　　　　変動費

　この式が示すように、利益を増やすには、販売数量を増やし、販売単価を引き上げ、材料の使用量を減らし、材料単価や外注単価を引き下げ、固定費を削減すればよい、ということです。
　とはいえ、理屈はそうであっても、現実となるとこれらを実行する

のは簡単ではありません。経営分析には、会社の利益構造を理解することが大切です。以下、詳細に見ていくことにしましょう。

●利益構造

利益増加	売上増加		販売数量増
			販売単価増
	費用削減	変動費	仕入単価引下
			歩留率向上
		固定費	予算管理
			作業見直し
			設備生産性向上
			労働生産性向上
			稼働率の向上

①売上高を増やす

　売上高は販売単価と販売数量の積ですから、販売単価を引き上げるか、販売数量を増やすことによって売上高は増加します。

　販売単価の引上げには、製品の価格弾力性に留意する必要があります。**価格弾力性とは、価格の変動が製品の需要の変動に与える度合い**のことで、「需要の変化率 ÷ 価格の変化率」の絶対値で表わされます。

　製品の価格を10％値上げしたときに、需要が10％減少した場合の価格弾力性は1と計算します。この値が1より大きい（販売数量の減少が大きい）場合、「弾力性が大きい」といい、1より小さい（販売数量の減少が少ない）場合、「弾力性が小さい」といいます。つまり、価格弾力性が1以上の製品は販売単価を上げると、売上金額は減少してしまいます。

　一般に、食料品は価格を変更しても需要はそれほど変化しませんから、価格弾力性は小さく、高級品は価格が変わると需要が大きく変化しますから、「価格弾力性が大きい」と説明されます。

現実には、対象となる製品の価格弾力性を判断するのは簡単ではありません。デフレの間、会社は生活必需品であっても価格を上げると売上金額は減少すると考えて、値下げに走りました。価格弾力性は1以上ということです。販売単価の決定は売上高を、そして利益を大きく左右しますから、会社経営上、最重要な課題です。

　価格弾力性は、製品のスイッチング・コストにも影響を受けます。たとえば、AndroidスマートフォンとiPhone、あるいはWindowsとMacとの間で、多少の価格差があっても利用者がなかなか切り替えようとしないのは、新たなアプリケーションソフト代、解約手数料といった切り替えに要するスイッチング・コストが高いために、価格弾力性が小さくなっているからです。

　ところで、消費税率の引上げは販売価格の引上げと同様です。しかし、引上げ分はすべて国に納税されて会社には利益は残りません。販売価格の引上げは、価格弾力性と無関係に販売数量の減少をもたらしますから、消費税率の引上げが会社経営にはマイナスに作用するのは明らかです。

②変動費を削減する

　材料費は、仕入単価と使用数量を乗じた金額です。したがって、材料費を減らすには、まず**材料の仕入単価を下げる**ことです。材料の仕入単価の引下げは、自社の努力は不要で、しかも即効性があります。

　日産自動車のV字回復を実現させた要因の1つが1,600億円にも上る材料仕入価格のコストカットでした。日本の会社では、仕入単価の引下げは年中行事となっています。

　もう1つの方策は、**材料消費量の削減**です。製造中に生じた失敗品やキズモノをなくし、材料を使い切り、作業くずが出ない設計にするなどによって、材料そのものをムダなく使い切ることです。

同業他社と比べて限界利益率が悪い会社がどのような原因を抱えているのか、以上の観点から検討してみることが大切です。

③固定費を削減する

　すでに説明したように、固定費は付加価値活動を維持するための費用です。したがって、**安易な固定費の削減は収益性を悪化させるリスクがある**ことに留意が必要です。現に、リストラを強引に進めたためキーパーソンが辞めてしまい、人件費は減少したものの赤字が増えてしまったケースは珍しくありません。

　その一方で、固定費のなかにはぜい肉もふくまれています。価値を生まない「ムダな費用」です。固定費削減の本来の目的は、このぜい肉の除去です。どのようにぜい肉を削るのかというと、費用がからないように仕事の仕方を変える、設備や人の生産性を高める、作業者の待ち時間や機械が止まっている時間を減らして稼働率を高める、といった方策があります。また、予算管理を進めて決められた以上の支出ができない仕組みにすることも大切です。

第4章

キャッシュフロー計算書分析

──お金が回っていれば、会社は絶対につぶれない

4-1 キャッシュフロー計算書とは?

キャッシュフローは３つに分けられる

■■ キャッシュフローが注目されるようになった

　以前は関心を示す人が少なかった**キャッシュフロー**が、盛んに議論されるようになりました。キャッシュフローとは**現金収支**のことですから、お金の使い方が注目されてきた、ともいえます。

　以前はキャッシュに関する会計（資金繰りとか資金会計）は、財務会計や管理会計と切り離して扱われてきました。欧米諸国でキャッシュフロー計算書の作成が制度化されたのは1990年代初頭、日本では2000年３月期から上場会社に「連結キャッシュ・フロー計算書等の作成」が義務づけられてからです。しかしながら、単独財務諸表ではいまだに作成は強制されていません。

■■ 損益計算書を鵜呑みにしてはいけない

　Ｐ・Ｆ・ドラッカーは、こんなことをいっています。

　「会計システムのどの部分が信用でき、どの部分が信用できないかは明らかである。われわれがとうてい歩くべきではない薄氷の上にいることは明らかである。最近、キャッシュフローが重視されるようになったのも、会計学の二年生でさえ損益計算書は化粧できるからである」（『明日を支配するもの』上田惇生訳、ダイヤモンド社、1999年）

　ドラッカーは損益計算書を鵜呑みにするのは危険であり、キャッシュフローを重視せよ、と戒めているのです。キャッシュフロー計算書の説明に入る前に、損益計算重視の危険性について整理しておくことにしましょう。

損益計算書は、継続しているビジネスの流れを1年間で区切り、その期間収益と期間費用の差額を期間利益として表現しようとするものですから、期間利益は「差額概念」であって、リアルな実態を表わしているわけではありません。たとえば、次期の売上の一部を先取りし、当期の費用を次期に先送りすれば、会社の実態は同じでも、計算上の利益は簡単に増やせます。しかも、複式簿記を少し学べば、この操作は簡単です。

一方、キャッシュフローは現実の現金の動きのことですから、簡単には操作できません。だからこそ、昔から「キャッシュフローは嘘をつかない」とか「利益は意見、現金は事実」といわれるのです。したがって、**会社の実態をつかむには、何よりキャッシュフロー計算書を読み解く力を磨くこと**が大切です。

■■ キャッシュフローとは？

キャッシュフローとは、文字どおり**現金（預金もふくむ）の流れ（収支）**のことです。私たちの体内を流れる血液が止まってしまうと生きていけないように、会社がビジネスを続けるには、現金（資金）が回り続けることが大前提です。したがって、「現金は会社の血液」と呼ばれたりするのです。

血液検査で健康状態がわかるように、現金の流れから会社の健康状態を的確に読み取ることができます。本章では、その読み取り方を学んでいきます。

■■ 透明なキャッシュフローに色づけをする

ところで、現金は無色透明ですから、預金通帳を見ただけでは、現金残高がどうして増えたのか、あるいは減ったのかわかりません。また、損益計算書や貸借対照表を見ても、現金の流れは書かれていません。

したがって、現金収支を可視化するには、現金の流れに色をつける必要があります。

キャッシュフロー計算書の構造

現金収支に色づけした財務諸表が「キャッシュフロー計算書」です。

キャッシュフロー計算書では、一定期間（たとえば1年間）における現金収支を、「営業活動によるキャッシュフロー（以下「営業キャッシュフロー」）」「投資活動によるキャッシュフロー（以下「投資キャッシュフロー」）」「財務活動によるキャッシュフロー（以下「財務キャッシュフロー」）」の3色に分類して表します。

営業活動によるキャッシュフロー

営業活動によるキャッシュフローの表示方法には、「直接法」と「間接法」の2通りがあります。

直接法は、売上収入や仕入支出など営業活動で生じた現金収入と現金支出を直接記載する方法です。間接法は、貸借対照表の現金預金以外の科目の増減から逆算して、営業キャッシュフローが増減した理由を明らかにする方法です。

●直接法と間接法の比較

直接法		
Ⅰ. 営業活動によるキャッシュフロー		
営業収入	＋	×××
受取利息の収入	＋	×××
商品仕入の支出	－	×××
給料・広告費の支出	－	×××
営業活動によるキャッシュフロー		

間接法		
Ⅰ. 営業活動によるキャッシュフロー		
税引後当期純利益	＋	×××
減価償却費	＋	×××
売上債権の増加	－	×××
商品の増加	－	×××
仕入債務の増加	＋	×××
営業活動によるキャッシュフロー		

◆直接法の特徴

直接法は、製品、商品、サービスの販売代金の収入、商品や材料仕入代金や給与賃金、製造経費、販売管理費の支払いなど本業の営業活動に関する現金収支、及び投資活動と財務活動による現金収支以外の現金収支を記載します。

営業キャッシュフロー ＝ 営業収入 － 営業支出

【長所】

営業活動における現金収支が総額で記載されますから、読者にとってわかりやすい点です。また、事業計画と連動した営業キャッシュフロー予算が組みやすい点に優れています。

【短所】

小規模な会社であれば作成は簡単ですが、規模が大きく何百社もの連結子会社を持つ大会社の場合、グループ会社全社の現金収支を分類して、集計するのは容易ではありません。

◆間接法の特徴

間接法は、税引後当期純利益に減価償却費など現金支出をともなわない費用や、現金預金以外の運転資本の増減額を調整して営業キャッシュフローを計算します。これは、税引後当期純利益と営業キャッシュフローの差の理由を表現するものです。作成が簡単で、しかも両者のねじれの原因が一目でわかることから、ほとんどの会社は間接法を採用しています。

間接法を使ったキャッシュフロー計算書の構造を具体的に見ていきましょう。

●間接法を使ったキャッシュフロー計算書

前期貸借対照表				
現金預金	100	有利子負債	300
運転資本	200	株主払込資本	200
固定資産	400	利益剰余金	200
計	700	計	700

当期貸借対照表				
現金預金	150	有利子負債	350
運転資本	250	株主払込資本	200
固定資産	450	利益剰余金	300
計	850	計	850

税引後当期純利益100　減価償却費50

営業キャッシュフロー	税引後当期純利益(100)＋減価償却費(50)－運転資本の増加(50)	100
投資キャッシュフロー	固定資産の増加(－50)＋減価償却費(－50)	－100
財務キャッシュフロー	有利子負債の増加(50)	50
現金の増加		50

　税引後当期純利益に減価償却費を加える理由は、この費用が現金支出をともなわないからです（減価償却費は、貸借対照表上の固定資産の減少として表現されます）。税引後当期純利益100に減価償却費の50を加えて、減価償却費計上前の利益に戻します。これを「**キャッシュ利益**」（150）といいます。

　このキャッシュ利益に在庫、売掛金、受取手形など現金預金以外の流動資産と支払手形、買掛金、有利子負債以外の流動負債の差額（運転資本*9）の増減額を調整します。

　運転資本の増減差額（50）を調整する理由は、運転資本が増えればその分、現金が減り、運転資本が減少すれば現金は増加するからです。したがって、以下のようにキャッシュ利益から運転資本の増減を加減して営業キュッシュフローを計算します。

> 営業キャッシュフロー（100）
> ＝ 税引後当期純利益（100）＋ 減価償却費など現金支出をとも
> ─────────────────
> 　　　　　　キャッシュ利益
> なわない費用（50）－ 現預金以外の運転資本の増加（50）

▪▪ 投資活動によるキャッシュフロー

　ビジネス活動を支える**固定資産の取得や売却にともなう現金収支**です。具体的には、新たな固定資産への投資や売却、投資有価証券の取得や売却、子会社等への資金の貸付けや回収などにともなう現金収支です。なお、本設例では減価償却費分の金額（50）が減額されていますので、この分、加算して投資キャッシュフローを計算します。

> 投資キャッシュフロー（−100）＝ 固定資産の増加（−50）＋ 減価償却費（−50）

▪▪ 財務活動によるキャッシュフロー

　会社の活動を支える**財務活動に対する現金収支**です。財務活動には、銀行借入れ、社債発行、増資などによる資金調達、そして銀行借入れの返済や社債の償還あるいは配当金の支払いなどがあります。

> 財務キャッシュフロー（50）＝ 有利子負債の増加（50）

　以上3つに分類したキャッシュフロー差額の合計が「**純キャッシュフロー**」です。

> 純キャッシュフロー（50）＝ 営業キャッシュフロー　　　（100）
> 　　　　　　　　　　　　＋ 投資キャッシュフロー（−100）
> 　　　　　　　　　　　　＋ 財務キャッシュフロー　　（50）

---

*9　運転資本の内訳を図に表わすと以下のとおりです。

受取手形	支払手形
売掛金	買掛金
棚卸資産	その他の流動負債*
その他の流動資産	運転資本

＊短期の有利子負債を除く

間接法によるキャッシュフロー計算書の詳細な構造は、次のとおりです。

●まとめ：間接法によるキャッシュフロー計算書の詳細な構造

現金預金増加

＋	税引後当期純利益	利益剰余金の増加	営業キャッシュフロー	純キャッシュフロー現金預金の増加
＋	減価償却費	キャッシュ利益に変換		
－	受取手形増 売掛金増 △支払手形増 △買掛金増	運転資本の増加		
－	有形固定資産の増加 無形固定資産の増加	投資の増加	投資キャッシュフロー	
＋	短期借入金の増加	有利子負債の増加	財務キャッシュフロー	
＋	長期借入金の増加			
＋	社債の増加			
＋	資本金資本剰余金の増加	払込資本の増加		

4-2 キャッシュフロー計算書の仕組み

キャッシュフロー計算書はお金の流れで理解する

■■ キャッシュフロー計算書

　繰り返しになりますが、キャッシュフロー計算書は1年間のお金の収支をまとめたもので、営業キャッシュフロー、投資キャッシュフロー、財務キャッシュフローで構成されます。

　お金の収支は、水路に流れる水に例えることができます。会社は資金を得意先、銀行、株主、そして自らの商売によって調達します。こうして集められたお金は、ビジネスや、ビジネスを支える固定資産（現金製造機）に使われ、商品を販売することで回収されます。回収した現金は、仕入先への代金の支払い、借入金の返済、株主への配当に充てられます。

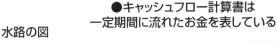

●キャッシュフロー計算書は
一定期間に流れたお金を表している

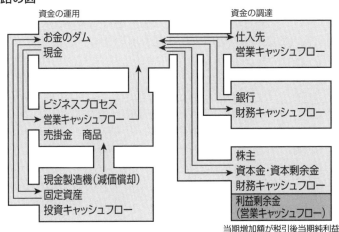

水路の図

当期増加額が税引後当期純利益

（『たった10日で決算書がプロ並みに読めるようになる! 会計の教室』林總、ダイヤモンド社、2020年）

■■ 営業キャッシュフロー

　営業キャッシュフローは、商売における現金収支差です。つまり、ビジネスプロセスに投入される現金とそこから回収される現金の差です。営業キャッシュフローが黒字であり続けることは、会社存続の前提条件であり、経営者に課された最低限の義務といえます。したがって、キャッシュフロー計算書分析では、まず営業キャッシュフローの収支差に注目することが大切です。

■■ 投資キャッシュフロー

　固定資産（現金製造機）に対する収支です。本書で固定資産を現金製造機と呼ぶのは、これはビジネスを支える基盤であるからです。ちなみに、固定資産は有形固定資産だけではありません。のれん、特許権、意匠権などの無形固定資産や投資も含みます。固定資産への投資の重要性は、これが将来の営業キャッシュフローの種になるという点にあります。

■■ 財務キャッシュフロー

　財務活動にともなう現金収支です。水路の図でいえば、現金を中心にして銀行、株主との現金収支を表したものです。

キャッシュフロー分析のポイント

アクルーアルで利益の質を見分ける

■■ 営業キャッシュフローは当期純利益とは別物

　間接法によるキャッシュフロー計算書から明らかなように、税引後当期純利益と営業キャッシュフローは別物です。企業経営者の中には、利益が出ているのに銀行預金が増えない理由を説明できない人たちが少なからずいますが、**利益と儲け（営業キャッシュフロー）は明らかに別物**であり、その原因が**運転資本と減価償却費**にあることを理解していないからです。

■■ 利益の質を見極めるアクルーアル

　当期純利益は現金に裏付けられた質のよい利益と、そうでない利益があります。利益の質を簡単に見分ける方法を「**アクルーアル**」といいます。

　アクルーアルは決算上の利益の「質」を見極める指標で、東芝の不適切会計問題を機に一気に注目が高まりました。

　アクルーアルは税引後当期純利益と営業キャッシュフローの差額のことで、税引後当期純利益が現金収入をともなう「質」の高い利益かどうかを見極めるために使われる指標です。

　アクルーアル ＝ 税引後当期純利益 － 営業キャッシュフロー

　質の高い利益を上げる企業は通常マイナスですが、逆にプラスが続く企業は、現金の創出がともなわない利益の「質」が悪い利益と判断できます。

株式投資においても、アクルーアルがプラスの企業は、黒字でも資金繰りに問題がある場合が多く株価は低迷しがちです。また、アクルーアルは、不透明な会計処理や粉飾会計を見抜くためにも利用されています（日経オンライン2015年7月23日）。

ニトリのアクルーアルは次のとおりです。

●ニトリのアクルーアル

（単位：百万円）

	2018年2月	2019年2月	2020年2月	2021年2月	2022年2月
当期純利益	64,219	68,180	71,395	92,114	96,724
営業活動によるキャッシュフロー	76,840	81,664	96,316	150,879	85,565
アクルーアル	−12,621	−13,484	−24,921	−58,765	11,159

なお、総資産当たりのアクルーアルの割合をアクルーアル比率といいます。このマイナス値が大きい会社ほど利益の質はよいと判断できます。

> アクルーアル比率（%）＝ アクルーアル ÷ 総資産

■■ キャッシュフローマージン（CFマージン）

営業キャッシュフローの創出力を測定する指標で、次の算式で計算します。

> キャッシュフローマージン(%) ＝ 営業キャッシュフロー ÷ 売上高

キャッシュフロー（CF）マージンが高いほど、儲けである営業キャッシュフローを効率的に獲得していることを意味します。

4-4	**それぞれのキャッシュフローは** **こうして分析する**	

....

まずは、営業キャッシュフローの収支の差に注目する

■■ 営業キャッシュフロー分析のポイント

　営業キャッシュフローの動きをつかめば、その会社の状態をかなり正確に読み解くことができます。

　下表のA社からE社までの会社が、どのような状態であるかを考えてみましょう。大切なのは利益ではなく、儲けである営業キャッシュフローであることを念頭に置いて分析してください。

●各社の営業キャッシュフロー

営業キャッシュフローの部

		A社	B社	C社	D社	E社
当期純利益（－は当期純損失）		−100	−100	100	100	100
＋	減価償却費	150	50	50	50	50
−	受取手形・売掛金の増加	0	0	−200	0	0
＋	支払手形・買掛金の増加	0	0	0	200	0
−	在庫の増加	0	0	0	−200	0
−	その他の流動資産の増加	0	0	0	0	0
＋	その他の流動負債の増加（有利子負債を除く）	0	0	0	0	0
営業キャッシュフローの増加		50	−50	−50	150	150

　A社は当期純損失（△100）ですが、減価償却費が150と大きいため、営業キャッシュフローは50のプラスになっています。なぜ、利益が出なかったのでしょうか。最近行なった設備投資が十分な利益をもたらしておらず、業績の足を引っ張っていると考えられます。

　B社は当期純損失（△100）だけでなく、営業キャッシュフローも赤字（△50）です。このままの状態で商売を続ければ、会社のお金

がどんどん減っていくことになりますから、すばやい改善が望まれます。

　なお、営業キャッシュフローが足りない分は預金の取り崩しか、銀行からの短期借入金で補充することになります。借金は利益がなければ増える一方ですから、営業キャッシュフローの赤字が続けば、この会社の財務安全性はますます悪化することになります。

　A社、B社に共通しているのは、**当期純損失**という点です。A社はキャッシュ利益（当期純損失＋減価償却費）がプラス50の黒字ですから、設備投資資金の50は回収できたのですが、B社のキャッシュ利益はマイナス50であるため、投資した資金はまったく回収できない状態です。

　C社は黒字ですが、受取手形・売掛金が200増えており、営業キャッシュフローは50の赤字です。

　一般に、仕入代金の支払いは、売上代金の回収より先行しますから、売上が急増する局面では資金繰りは悪化します。注意して資金繰り予定を立てる必要があります。もしも、数期間にわたり受取手形や売掛金が増え続けているとしたら、これらは不良債権化しているかもしれません。あるいは、業績を偽装するために、仮装取引による利益の水増しの可能性もあります。

　D社は在庫が増加しています。営業キャッシュフローも増えている点から、おそらく売上増加にともなう自然増と考えられます。しかも、支払手形・買掛金が増えており、運転資金の収支バランスは取れていると判断できます。

　E社はキャッシュ利益と営業キャッシュフローが同額であるところから、運転資金を上手にコントロールしていることがわかります。

　以上から営業キャッシュフローの部を見る際には、次の各点に留意することが大切です。

1. 営業キャッシュフローは赤字か（A社、B社）。赤字の営業キャッシュフローが続けば存続の危機。
2. 税引後当期純利益と営業キャッシュフローとに極端なねじれはないか（C社）。過大減価償却費と過大運転資本に注意。
3. 利益と儲け（営業キャッシュフロー）にねじれがあれば、そこに異常項目（たとえば架空の売掛金、在庫）が隠れていないか。

■■ 投資キャッシュフロー分析のポイント
——投資キャッシュフローがプラスになったら要注意

　会社は、翌期以降の営業キャッシュフローを確保するために継続して事業投資を行ないます。つまり、**事業投資は将来の営業キャッシュフローの種**ということができます。そこで会社は毎年のように、設備を更新し、新たな特許を取得し、他社を買収することで競争力を維持しているのです。

　もしも、事業投資を怠ったらどうでしょう。会社の競争力は一気に弱まってしまいます。半導体産業で日本企業が韓国や台湾の会社に抜かれてしまったのは、設備投資を怠ったからといえるでしょう。

　事業投資は、儲けの範囲で行なうことがもっとも健全です。つまり、有利子負債に頼る投資は、大きなリスクをともないますから、慎重でなければなりません。そこで生まれた概念が、次に説明する**フリーキャッシュフロー（FCF）**の黒字化です。

　投資の多くは経営基盤の充実を目的としますから、投資キャッシュフローは、通常、マイナスになります。逆に、投資キャッシュフローがプラスになった場合は注意が必要です。通常ではない事態が起きた可能性があります。

たとえば、固定資産の売却収入が計上されている場合、どのような資産が処分されたのか、注意してください。もともと価値を生んでいない遊休資産の売却であればいいのですが、会社の主要資産（工場、本社ビル、主要子会社株式等）であれば問題です。業績が悪く、借入金の返済もままならなくなって、虎の子の資産を処分せざるを得なかった可能性があるからです。主要固定資産の売却は、急激に現金を稼ぎ出す力が弱まることが考えられます。

投資キャッシュフローには、事業投資ばかりでなく、関連会社への事業資金の貸し付け、長期資金運用のための金融商品の購入、福利厚生用の会員権購入など非事業資産への投資もふくまれます。

特に注意が必要なのは、新たな利益やキャッシュをもたらしていない投資です。他社の決算書からは、価値をもたらしている投資かどうかはわかりません。しかし、自社の経営分析をする場合は、価値を生まない資産への投資は細心の注意を払う必要があります。

■■ フリーキャッシュフロー（FCF）分析のポイント
──FCFの黒字化がキャッシュフロー経営の要諦

「フリーキャッシュフロー（FCF）」は、営業キャッシュフローから投資キャッシュフローを差し引いた額のことで、会社が自由に使えるお金の額を表わしています。キャッシュフロー経営の大原則は**FCFの黒字化**です。

FCF ＝ 営業キャッシュフロー － 投資キャッシュフロー

FCFの黒字化とは、事業投資を当期の儲けの範囲で行なうという意味と同時に、**必要な投資をまかなえるだけの営業キャッシュフローを稼ぎなさい**、という意味でもあります。

　投資の範囲の目安として、FCFのほかに、貸借対照表分析で学んだ「固定比率」があります。固定資産への投資を、自己資本の範囲以内に抑えるという意味です。

　いうまでもなく、貸借対照表は一定時点の資産と負債と自己資本を表わしているに過ぎず、自己資本に相当する現金の裏付けが保証されているわけではありません。固定比率は、あくまでも長期的財務の安全性の目安と考えるべきです。

◆FCFが赤字という意味

　FCFが赤字の場合、会社は投資資金の不足分を、預金の取崩しか、有利子負債か、増資で充当することになります。

　不足した投資資金を有利子負債で調達した場合、借金の返済は、原則として当該投資によって稼いだ営業キャッシュフローで行ないます。仮に投資の成果が上がらなければ、返済資金を銀行から借りることになります。こうしたことからも、投資は営業キャッシュフローの範囲内で行なうのがもっとも安全です。

　以上から、**キャッシュフロー経営の要諦は、FCFを黒字にする点にある**、ということができます。

　ところで、FCFが赤字なのに「現金配当」をし、「役員賞与」まで出している会社があります。会社法上は適法でも、財務の安全性を弱めているのは明白ですから、このような会社は注意して観察し続ける必要があります。

◆FCFが黒字の会社は評価できるか？

　では、FCFが黒字の会社は無条件で評価できるでしょうか。残念ながら、そうともいい切れないのです。なぜなら、**意識的に投資を控えればFCFは増える**からです。たとえば、営業キャッシュフローを借入金の返済に充てるために、意識的に投資を抑えている会社があり

ます。事業投資を控えれば、将来の競争力が低下しますから、注意が
必要です。

　もう1つ、**FCFは単年度だけで判断すべきではない**ということも
留意すべきです。会計期間は人為的に時間を区切ったものに過ぎず、
本来ビジネスのサイクルとは無関係です。経営計画は3年から5年の
期間で実施しますから、ある期間のFCFが赤字でも、次の期間は黒
字という事態は珍しくはありません。FCFは、中期的な視点で黒字
にすることが重要です。

■■ 財務キャッシュフロー分析のポイント
　──財務キャッシュフローの悪化に気をつける

　銀行借入、社債の発行、株式の発行（増資）等、**ビジネスの財務基
盤を支えるための現金収支を財務キャッシュフロー**といいます。

　無借金で、どこからの援助も必要でない会社はともかくとして、日
本のように間接金融がいまだに会社の生命線を握っている国では、な
おさら財務キャッシュフローの管理が大切です。

　財務キャッシュフローが悪化する原因は、大きく2つあります。1
つは、**赤字の営業キャッシュフローを補填するために、短期で有利子
負債を調達する場合**です。すでに説明したように、この状態が何年も
続く会社は、運転資金不足の状態から抜け出すのが困難と考えられま
すから、要注意です。

　もう1つのケースは、**設備投資のために金融機関や株主などから長
期で資金を調達する場合**です。財務レバレッジを効かせて規模の拡大
を図っている会社は、特に財務キャッシュフローの内容に注意を払う
必要があります。

　繰り返しになりますが、財務キャッシュフローを実質的に減らす源
泉は、真の自己資金であるFCFです。この意味からも、FCFが黒字

になるように、売上管理、原価管理、在庫管理、売上債権管理を徹底させ、もって営業キャッシュフローの増大に努め、必要な事業投資を続けることが大切です。

■■ 事例で見る投資とその成果

事業投資は、「将来の営業キャッシュフローの種」です。

典型的な例はニトリの決算書に見ることができます。下の表はニトリのキャッシュフロー計算書を時系列に並べたものです。2019年末に始まったコロナ禍でも収益力がいっこうに衰えていない理由は、同社の積極的な投資によるものです。

とりわけ注目すべきは、2021年2月期の投資と2022年2月期の売上高と経常利益（売上高811,581百万円、経常利益141,847百万円）です。投資の効果が業績に如実に表われていることがよくわかります。

●ニトリの連結キャッシュフロー計算書

（単位：百万円）

	2018年2月	2019年2月	2020年2月	2021年2月	2022年2月
売上高	572,060	608,131	642,273	716,900	811,581
経常利益	94,860	103,053	109,522	138,426	141,847
①営業活動によるキャッシュフロー	76,840	81,664	96,316	150,879	85,565
②投資活動によるキャッシュフロー	−82,751	−30,424	−41,464	−195,985	−119,980
フリーキャッシュフロー（①−②）	−5,911	51,240	54,852	−45,106	−34,415
財務活動によるキャッシュフロー	655	−11,340	−13,862	30,309	17,729
純キャッシュフロー	−5,256	39,900	40,990	−14,797	−16,686
	後退期	安定期	安定期	低迷期	低迷期

キャッシュフロー・マトリクス

営業キャッシュフローと投資キャッシュフローで会社の状態を判断する

■■ 会社の状態を読み取るキャッシュフロー・マトリクス

　繰り返しになりますが、会社がビジネスで稼ぎ出したお金が営業キャッシュフロー、そして、投資キャッシュフローは将来の営業キャッシュフローの「種まき」です。つまり、投資を怠れば儲けは減り、将来が不安定になるということです。営業キャッシュフローを稼ぎ出すには継続的な投資が必要です。

　かといって、無制限に投資をしていいわけではありません。一般に、投資は営業キャッシュフローの範囲内（つまりFCF>0）で行なうべきだとされていますが、現実はそれほど単純ではありません。前述したように、営業キャッシュフローと投資キャッシュフローの差額がFCFです。

　FCFは黒字であることが望ましいのですが、いつもプラスでなくてはならない、というわけではありません。大切なのは持続的成長を続けることであり、それは投資キャッシュフローを行ないながら営業キャッシュフローを増やし続けることです。

　事業を立ち上げた直後は、投資キャッシュフローが営業キャッシュフロー（儲け）を上回りますからFCFはマイナスとなります。この状態が「投資期」です。

　その後、商売が軌道に乗ると儲けが投資を上回りFCFは安定して黒字になります。この状態が「安定期」です。やがて商売の勢いが衰え投資が減り、あるいは投資しても新たな儲けに結びつかない状態に陥ります。営業キャッシュフローはプラスですが、それだけでは会社

が維持できないため、それまでに蓄えた資産を売却して現金を増やそうとします。この状態が成熟期（停滞期）です。

　その後、営業キャッシュフローがマイナスになって低迷期、後退期へと進み、最後は破綻期を迎えることになります。

　下図のように、横軸に営業キャッシュフロー、縦軸に投資キャッシュフローをとったグラフを「**キャッシュフロー・マトリクス（以下、CFマトリクス）**」といいます。営業キャッシュフローと投資キャッシュフローが、このマトリクスのどこにプロットされるかで、企業の状態を読み取ることができる優れものです。

　以上の知識を確認したうえで、CFマトリクスについて説明していきましょう。

●CFマトリクスによる分類

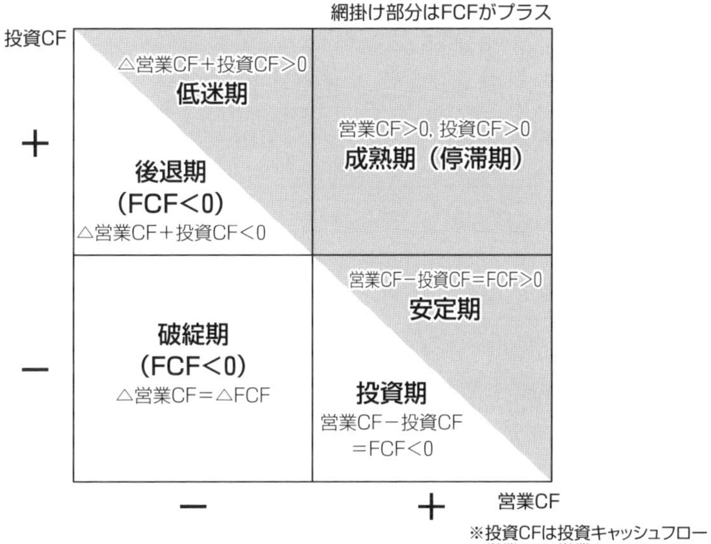

網掛け部分はFCFがプラス

投資CF

△営業CF＋投資CF＞0
低迷期

後退期
（FCF＜0）
△営業CF＋投資CF＜0

営業CF＞0, 投資CF＞0
成熟期（停滞期）

＋

営業CF－投資CF＝FCF＞0
安定期

破綻期
（FCF＜0）
△営業CF＝△FCF

投資期
営業CF－投資CF
＝FCF＜0

－

－　　　**＋**　　営業CF

※投資CFは投資キャッシュフロー
　営業CFは営業キャッシュフロー
　を指す

163

■■ CFマトリクスによる分類

CFマトリクスの中央値から右半分は営業キャッシュフローがプラス、上半分は投資キャッシュフローがプラスを表わしています。

CFマトリクスの左角から右角へ対角線を引きます。図の右上半分の網掛けになっている部分はFCFがプラス（営業キャッシュフロー－投資キャッシュフロー>0）の領域で、ここは安定期→停滞期→低迷期に分かれます。

CFマトリクスの左下半分はFCFがマイナス（営業キャッシュフロー－投資キャッシュフロー<0）の領域で、後退期、破綻期、投資期に分かれます。会社のライフサイクルは投資期に始まり、安定期、停滞期、低迷期、後退期、そして破綻期へと向かいます。

●会社のライフサイクルとキャッシュフロー

	投資期	安定期	停滞期	低迷期	後退期	破綻期
営業CF	＋	＋	＋	－	－	－
投資CF	－	－	＋	＋	＋	－
FCF	－	＋	＋	＋	－	－
借金返済	なし	可	可	可	一部可	不可

それぞれの領域は、以下のとおりです。

1．投資期（営業キャッシュフロー－投資キャッシュフロー＝FCF<0）

投資支出が営業キャッシュフローより大きい状態です。FCFがマイナスになるのは、この領域の会社は事業立ち上げのために積極的に投資を行なっているからです。

2．安定期（営業キャッシュフロー－投資キャッシュフロー＝FCF>0）

営業キャッシュフローは十分で、その範囲で必要な事業投資が行な

われます。ビジネスが安定している状態です。

3．停滞期あるいは成熟期
　　（営業キャッシュフロー＋投資キャッシュフロー＝FCF>0）

　営業キャッシュフローはプラスですが、金額が十分ではなく、必要な事業投資を行なうために投資資産を売らなくてはならない状態（停滞期）、あるいは営業キャッシュフローは十分なうえで投資資産を売却してFCFを増やし、有利子負債の返済や自己株式の購入を積極的に行なえる状態（成熟期）です。

4．低迷期（△営業キャッシュフロー＋投資キャッシュフロー＝FCF>0）

　その後、業績は次第に悪化して営業キャッシュフローはマイナスに転じます。当初は資産の売却によってマイナスの営業キャッシュフローをカバーできていますから（つまり、FCFはプラス）、借金の返済は自力で可能です。この状態が「低迷期」です。

5．後退期（△営業キャッシュフロー＋投資キャッシュフロー＝FCF<0）

　営業キャッシュフローのマイナスが多く、資産売却などによる現金収入でもカバーできない状態です。低迷期との違いは、低迷期はまだ会社が使えるお金（FCF）がプラスであるのに対し、後退期はFCFがマイナスである点です。有利子負債は返せませんが、だましだまし何とか資金をつないでいる危険な状態です。

6．破綻期（△営業キャッシュフロー＝△FCF）

　営業キャッシュフローはマイナスで、さらに売却可能な資産を売り尽くした状態です。営業努力ではなんともならず、金融機関から見放された状態です。経営者は資金ショートを阻止しようと、なりふり構わずお金を追います。しかし、お金は底をついて、もはや打つ手がなくなり「破綻期」を迎えることになります。

■■ニトリと大塚家具のCFマトリクス

　ニトリと大塚家具のCFマトリクスを見ていきましょう。

　まず、ニトリの2018年2月期〜2022年2月期の連結キャッシュフロー計算書と、それらをもとに作成したCFマトリクスは以下のとおりです。

●ニトリの連結キャッシュフロー計算書の推移

（単位：百万円）

	2018年2月	2019年2月	2020年2月	2021年2月	2022年2月
営業CF	76,840	81,664	96,316	150,879	85,565
投資CF	−82,751	−30,424	−41,464	−195,985	−119,980
FCF	−5,911	51,240	54,852	−45,106	−34,415
	投資期	安定期	安定期	投資期	投資期

●ニトリのCFマトリクス

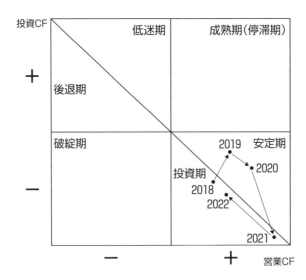

　ニトリのすごさは、会社が自ら投資期と安定期を創り出している点です。

　一方、経営危機に陥った大塚家具はどうだったのでしょうか。

　大塚家具の2015年12月期〜2018年12月期のキャッシュフロー計算書と、それらをもとに作成したCFマトリクスは以下のとおりです。

●大塚家具のキャッシュフロー計算書の推移

（単位：百万円）

	2015年12月	2016年12月	2017年12月	2018年12月
営業CF	269	−5,771	−4,785	−2,608
投資CF	−75	−812	3,095	3,105
FCF	194	−6,583	−1,690	497
	安定期	破綻期	後退期	低迷期

●大塚家具のCFマトリクス

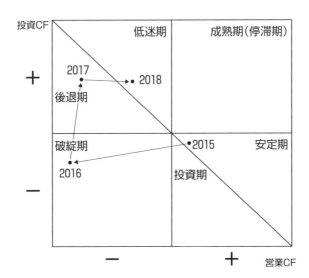

2015年12月期は安定期だったのにもかかわらず、翌年から一気に破綻期となり、その後後退期と低迷を繰り返したあげく2022年、ヤマダデンキに吸収合併されてしまいました。

　大塚家具のCFマトリクスは、典型的な経営の失敗を表わしています。

第**5**章

キャッシュフローの動態的分析
──少ないお金で大きく儲ける秘訣

キャッシュフローの動的分析

現金の流れを可視化する

■■ 時間軸を加味する

　第4章で「キャッシュフロー計算書」の分析手法について学びました。非常に有効な手法ではありますが、これで万全だとはいえません。繰り返し指摘してきたことですが、財務諸表はある一時点、一期間の実態を静止画的に表現したものに過ぎないからです。静止画には、判断を見誤る危険があります。

　たとえば、一流カメラマンが何百枚も撮影したなかから最高の一枚を選ぶように、経営者も決算期末の状態を意識してマネジメントを行ない、決算を組みます。一瞬のスナップショットですから事実であり嘘ではありません。とはいえ、財務諸表を読む側が判断を間違えてしまうことにもなりかねません。

　「静止画」である財務諸表を用いて「動画的」に分析できないか――。近年の管理会計が追い続けてきたテーマです。

　その回答が「**時間軸を入れる**」ということでした。

　たとえば、カット代が10分で1,000円の「1,000円カット」と60分で4,800円の「美容院」とでは、どちらの収益力が高いか。時間軸を加味すると、分当たりの限界利益は、「1,000円カット」が100円に対して「美容院」は80円ですから、「1,000円カット」のほうが勝っていることがわかります。ここで、限界利益とは、売上代金からシャンプー代やリンス代を差し引いた金額のことです。

　もう1つ例を挙げます。年商6億円で1億円の製品在庫を保有している会社を考えます。この場合、在庫回転率は0.16（1÷6）、在庫回転数は年間で6回（6÷1）です。

これに時間の概念を反映させると、「製品は2か月で1回転した」、あるいは、「現金が製品在庫に形を変えてから売掛金になるまで60日を要した」となります。いい換えれば、現金が60日も在庫として眠っているということです。回転率や回転期間といった無機質な指標より、ずっと滞留在庫の深刻さが伝わると思います。

■■ 現金循環日数（Cash Conversion Cycle：CCC）の意味

回転期間を日数で表わすことの意味についてお話しします。

ビジネスサイクルのなかで、現金は材料→仕掛品→製品→売掛金そして再び現金へと形を変えます。つまり、材料、仕掛品、製品、売掛金、受取手形は現金の仮の姿である、ということです。

現金が回転し続けることは会社が存続するための前提ですから、現金の流れを可視化して会社がどれだけのスピードで現金を生み出しているかを見極めることは、経営者のみならず、外部の投資家にとって、とても重要です。

「キャッシュフロー計算書を見ればわかるのではないか」、と疑問に思われたのではありませんか。確かに、一定期間での静止画としての現金収支の結果はわかりますし、商売を通じてどれだけ現金を稼いだのかもわかります。

しかし、キャッシュフロー計算書では、「現金の回転速度」はわかりません。特に、「間接法」によるキャッシュフロー計算書では（147ページ参照）、現金の流れもスピードもまったくつかめません。現金がビジネスサイクルを一巡するのに、どれだけの時間（日数）がかかったのか、つまり回転速度がわからないのです。

なぜ速度が重要かというと、**回転速度が速ければ、少ない現金（運転資金）で、大きなビジネスができる**からです。この速度を測定する指標が「**現金循環日数（キャッシュ・コンバージョン・サイクル、Cash Conversion Cycle：CCC）**」です。

◆屋台が儲かるわけ

　以前、香港の有名レストランのオーナーシェフのなかには、若いときに屋台を引きながら開業資金を貯めた人が多い、と聞いたことがあります。最初は単なる立身出世話だと思っていたのですが、実はそうではなかったのです。屋台は少ない資金を高速で回転させることで大金を稼げるからです。彼らにとって屋台から始めるのは、開業資金を貯めるにはもってこいのビジネスモデルだったのです。

　もう1つ例を挙げます。

　私は以前、『餃子屋と高級フレンチでは、どちらが儲かるか？』（ダイヤモンド社）を上梓したとき、「餃子屋と高級フレンチでは利益構造が違うから、一概にどちらが儲かるかはいえない」と書きました。その理由は、次の仮説に基づいています。

- ●餃子屋は、固定費が少なく限界利益率は低い
- ●高額所得者が利用する高級フレンチは、固定費が高く限界利益率も高い
- ●よって、餃子屋と高級フレンチの利益構造はまったく異なるから、どちらが儲かるかは客の入りで決まる

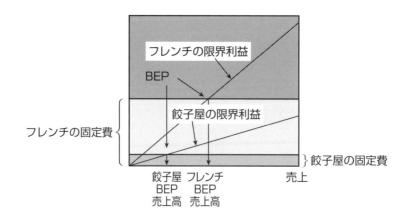

■■「餃子の王将」と「ひらまつ」との比較

現実はどうでしょうか。多少古いデータですが、2009年の「餃子の王将」と高級レストランチェーン「ひらまつ」の決算書を使って検討することにします。

●餃子の王将とひらまつの決算書

（単位：百万円）

		ひらまつ		餃子の王将		規模
		2009年9月		2009年3月		
売上高		10,033	100%	54,848	100%	5.5倍
変動費	材料費	−3,208	32%	−15,935	29%	
限界利益		6,825	68%	38,913	71%	5.7倍
固定費	製造人件費	−930	9%	−305	1%	
	他人件費	−1,446	14%	−14,949	27%	
	製造経費	−511	5%	−830	2%	
	販売管理費	−2,864	29%	−16,846	31%	
	計	−5,751	57%	−32,930	60%	5.7倍
営業利益		1,074	11%	5,983	11%	5.6倍

餃子の王将（餃子屋）の売上規模は、ひらまつ（高級フレンチ）の5.5倍です。売上高に対する「変動費率」はどちらも約30％で、両社の「限界利益率」は約70％と、ほとんど変わりません。

「固定費」はどうかというと、これも餃子の王将はひらまつの5.7倍、「営業利益率」はともに11％です。つまり、両社のCVP図は相似形となり、収益力は同じということです。

つまり、私が立てた利益構造はまったく異なるとする仮説は間違いだったことになります。

（単位：百万円）

	ひらまつ	餃子の王将
	2009年9月	2009年3月
限界利益率	68%	71%
固定費	5,751	32,930
BEP売上高	8,457	46,380
損益分岐点の位置	84%	85%

餃子の王将

（単位：百万円）

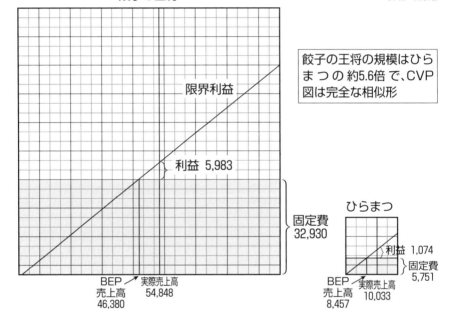

限界利益

利益 5,983

餃子の王将の規模はひらまつの 約5.6倍 で、CVP図は完全な相似形

固定費
32,930

BEP売上高
46,380

実際売上高
54,848

ひらまつ

利益 1,074

固定費
5,751

BEP売上高
8,457

実際売上高
10,033

　ところが、キャッシュフロー計算書を見ると、餃子の王将のほうが
ひらまつより儲かっている（つまり、営業キャッシュフローが多い）
のです。

　餃子の王将の利益はひらまつの5.6倍なのに、「営業キャッシュフロー」
は14.4倍にもなっています。利益の大きさはほぼ売上高規模に比例し
ているのに、儲けは約2.5倍も大きいのです。なぜ、このようなこと
が起きているのでしょうか。いうまでもなく、キャッシュフロー計算

書からでは、その理由はわかりません。なぜでしょうか。

（単位：百万円）

	ひらまつ	餃子の王将	
営業キャッシュフロー	441	6,352	14.4倍
棚卸資産	1,013	216	
売上原価	5,385	16,938	

▓ 現金の回転速度とは何か？

答えは、**現金の回転速度**です。なかなかわかりにくい概念ですので、メタファーを使って説明します。

「大トロはなぜ儲からないか？」

これは、拙著『餃子屋と高級フレンチでは、どちらが儲かるか？』（ダイヤモンド社）の第3章で取り上げたテーマです。ここでは、話の前提を少し変えて、利益額も利益率も営業キャッシュフローの金額も、まったく同じ2店舗で比較してみることにします。1つは、大トロばかりを売る店（大トロ店）と、もう1つは、コハダばかりを売る店（コハダ店）です。

【大トロ店】
毎月1回、10kgのクロマグロの大トロを30万円で仕入れ、毎日原価1万円分を2万円で売る（1日20貫、1貫当たり原価500円、売価1,000円）

【コハダ店】
毎日200匹のコハダを1万円で仕入れ、2万円で売る（1日200貫、1貫当たり原価50円、売価100円）

両店とも、月末には食材は使い切るとします。現金商売ですから、売掛金も買掛金もありません。両店の1か月間の損益計算書と営業キャッシュフローは、下記のようになります。

●大トロ店とコハダ店の比較

損益計算書　　　　　　　　　　　　　　　　　（単位：円）

	大トロ店	コハダ店
売上高	600,000	600,000
売上原価	−300,000	−300,000
営業利益	300,000	300,000

	大トロ店	コハダ店
営業キャッシュフロー	300,000	300,000

　損益計算書も、営業キャッシュフローもまったく同じです。ところが現実は、コハダ店のほうが儲かるのです。なぜなら、大トロ店は運転資金（人件費や経費は無視する）として30万円使って現金30万円を稼いだのに対し、コハダ店はたった1万円の運転資金で同額の30万円を稼いだからです。

　なぜ、このような結果になったのかというと、コハダ店は1か月間で1万円を30回転させたのに対して、大トロ店は1回に過ぎなかったからです。つまり、**運転資金の回転速度が30倍も違う**からです。

現金循環日数（CCC）で 何がわかるのか？

売上債権回転日数、棚卸資産回転日数の意味を押さえる

■ CCCに注目する理由

運転資金の回転速度を測定する指標に「現金循環日数（キャッシュ・コンバージョン・サイクル）」（以下、CCC）があります。これは、**現金がビジネスサイクルを一巡する日数を簡便的に計算する方法**です。

ビジネスサイクルは、材料仕入から製造、販売、代金回収までのことです。そしてCCCは、現金がビジネスサイクルに投入されてから棚卸資産（材料、仕掛品、製品、商品）、売上債権（売掛金、受取手形、割引手形）を経て、再び現金として回収されるまでの日数を指します。CCCが短いほど、**運転資金が高速で回転している**ことを意味します。

●ビジネスサイクルと現金循環日数（CCC）

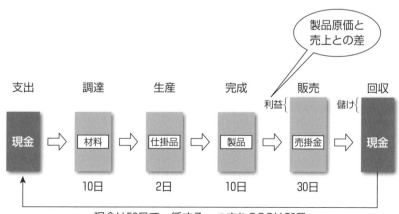

現金は52日で一循する。つまりCCCは52日

■■ CCCの計算方法

CCCは、次の式で計算します。

CCC ＝ 棚卸資産回転日数[※1] ＋ 売上債権回転日数[※2]
　　　　－ 仕入債務回転日数[※3]

※1　棚卸資産回転日数 ＝ $\dfrac{\text{棚卸資産の平均残高}}{\text{1日当たりの売上原価}}$

※2　売上債権回転日数 ＝ $\dfrac{\text{売上債権（売掛金＋受取手形＋割引手形の平均残高）}}{\text{1日当たりの売上高}}$

※3　仕入債務回転日数 ＝ $\dfrac{\text{仕入債務（買掛金＋支払手形の平均残高）}}{\text{1日当たりの売上原価}}$

◆分子の金額は平均残高を使う

分子の各金額は、貸借対照表の数値を使います。これは、決算期末の一時点の金額ですから、会社の正常な残高とは限りません。これらの残高は月によって、あるいは月中で大きく変動することが通常です。

そこで、CCCを計算する場合は**月末残高、あるいは、期首と期末の平均残高、四半期の平均残高**を使います。自社のCCCなら毎月末の平均金額、できることならば、日々の平均金額を用いることが合理的です。

■■ 売上債権回転日数は短いほうがいい

「売上債権回転日数」は、**売上債権に形を変えた現金が再び現金になるまでの日数**のことで、売上債権を1日当たりの売上高で割って計算します。

$$売上債権回転日数 = \frac{売上債権（売掛金＋受取手形の平均残高）}{売上高/365日（1日当たり売上高）}$$

この式は、受取手形（割引手形があれば加えます）と売掛金の残高が、何日分の売上高に相当するのかを計算するものです。現金が、これらの売上債権として留まっている日数を表わしています。

たとえば、年間の売上高が365億円の会社で、受取手形及び売掛金の平均残高が60億円、年間の営業日数が365日とした場合、この会社の受取手形と売掛金が現金化するのに60日かかると見なすのです。

$$\frac{売上債権60億円}{（売上高365億円 ÷ 日数365日）} = 60日$$

棚卸資産 → 売上債権（60日）→ 現金

◆売上債権回転日数を短くする効果

同じ業界に属する2社を比べた場合、**売上債権回転日数が短い会社ほど滞留する運転資金は少なくなりますから、資金的に余裕ができ、財務安全性は高くなります。**

したがって、財務担当責任者は、得意先の与信管理、売掛金残高管理に注意を払い、必要に応じて得意先との取引条件を見直すなどして、売上債権回転日数の短縮を図ることが大切です。

いうまでもなく、業種が違えば売上債権回収期間は異なります。たとえば、現金商売のスーパーより小売業（28日）は長く、卸業（74日）はもっと長くなります。

売上高が増加すれば、売上債権もまた増加します。しかし、売上債権回転日数は、取引条件が変わらない限り、大きく変化することはありません。もし、回転日数が増え続けた場合には、何らかの特別な事態が起きていることが予想されます。たとえば、不良債権や架空債権

の混入を疑ってみることも重要です。

■■ 棚卸資産回転日数は短いほうがいいわけではない

「棚卸資産回転日数」は、現金が棚卸資産に形を変え、次の売上債権になるまでの日数、いい換えれば、**現金が棚卸資産を通過する日数**のことで、棚卸資産の平均残高を1日当たりの売上原価で割って計算します。

$$\text{棚卸資産回転日数} = \frac{(\text{材料＋仕掛品＋製品＋商品の平均残高})}{\text{売上原価}/365日\ (1日当たり)}$$

この日数が短いほど通過速度が速く、現金が棚卸資産として留まる日数が少なくなりますから、運転資金は少なくて済み、財務安全性は高いといえます。

逆に、この日数が長い会社ほど、より多くの現金が棚卸資産として滞留しますから、運転資金不足に陥りがちになり、経営を圧迫します。

黒字なのに資金繰りに苦しむ中小企業の多くは、棚卸資産回転日数が長いことに原因があります。さらに、棚卸資産が増えれば保管コストがかかり、長期滞留品、死蔵品になれば、いずれ廃棄しなくてはならなくなります。つまり、資金繰り的にも、損益的にも、棚卸資産回転日数は長すぎてはいけないのです。

とはいえ、**棚卸資産回転日数は短いほどいい**、というわけでもありません。注文を受けても、在庫がなければ売り損じが生じてしまいます。つまり棚卸資産は、生産販売活動のバッファーの役目がありますから、過度の在庫削減は危険でもあります。

棚卸資産回転日数も、時系列で見る必要があります。なぜ長くなったのか、あるいはなぜ短くなくなったのか、会社の業績と照らし合わせて、その原因を探ることが大切です。

仕入債務を引き算する意味

CCCに大きな影響をもたらすのは棚卸資産の回転日数

■■ CCCの違いが「稼ぐ力」として表われる

　CCCを計算する場合、178ページの式のように「仕入債務回転日数」を引き算します。この理由を考えてみましょう。

　買掛金や支払手形は、仕入業者が仕入代金の支払いを猶予してくれている金額ですから、その分、運転資金が少なくてすみます。あるいは、仕入業者から運転資金を借りているともいえます。

　したがって、ビジネスに必要な運転資本の額は「**売上債権金額＋棚卸資産金額－仕入債務金額**」となり、運転資金がビジネスプロセスを通過する日数は「**運転資本回転日数**」と見なすことができます。

　これが、現金循環日数（CCC）です。売上高と利益がまったく同じ2社であっても、CCCが長い会社と短い会社では、「稼ぐ力」がまったく異なります。

　たとえば、CCCが10日のA社と100日のB社を比べた場合、A社はB社の10分の1の運転資金で商売を回すことができます。別のいい方をすれば、同じ運転資金であれば、A社はB社の10倍の商売ができるということです。

■■ 有効な運転資本管理

　先の例で、コハダ店は1万円の資金を30回転させて30万円の利益とキャッシュフローを、一方の大トロ店は30万円を1回転させて同じ額の利益とキャッシュフローを獲得しました。

　つまり、運転資金が少ないコハダ店が大トロ店と同じ売上高なのは、少ない運転資金を高速で回転させたからです。回転速度はCCCが短いほど速く、少ない資金（現金）で大きなビジネスができるというこ

とです。安易な短期資金の借入に頼らず、自己資金を有効活用するという点で、CCCの短縮化は、すべての経営者が取り組む課題といえるでしょう。

■■ CCCを会社経営の最重要課題に位置づける会社

CCCをマネジメントに生かし成功した会社に「アップル」があります。この会社の2021年におけるCCCは、マイナス56日となっています。マイナス56日は、自前の運転資金を一切使わないだけでなく、56日分の運転資金を、仕入業者から無利子で調達してビジネスに使っていることを意味します。見方を変えるなら、「製品を販売する56日前に、すでに代金を回収している」ともいえます。

CCCにもっとも重大な影響をもたらす要因は、**棚卸資産の回転日数**です。たとえば、ソニーとパナソニックはCCCの改善に取り組んでいるのにもかかわらず、ソニーは22日、パナソニックは63日となっています。アップルの在庫の少なさが際立っているのは、そもそもアップルは在庫を持たないビジネスモデルを構築しているからです。

●アップル、ソニー、パナソニックのCCCの比較

(単位：日)

アップル	2018年	2019年	2020年	2021年
売上債権回転日数	32	32	21	26
棚卸資産回転日数	9	9	9	11
仕入債務回転日数	−125	−104	−91	−94
CCC	−84	−63	−61	−56

ソニー	2018年	2019年	2020年	2021年
売上債権回転日数	45	44	68	71
棚卸資産回転日数	38	36	35	44
仕入債務回転日数	−29	−23	−89	−93
CCC	54	57	15	22

パナソニック	2018年	2019年	2020年	2021年
売上債権回転日数	51	49	62	65
棚卸資産回転日数	65	54	64	78
仕入債務回転日数	−73	−66	−81	−80
CCC	43	37	45	63

■■ CCCが短ければいいのか？

　CCCを短くすればそれだけで儲けが増える、と考えるべきではありません。CCCは、あくまでも現金の循環速度を測定する指標に過ぎないからです。会社のフリーキャッシュフローを増やすには、利益が出ていなくてはなりません。

　CCCを短くし、しかも利益率を高めることが儲けを増やす条件なのです。もしも、赤字会社がCCCを短くしたらどうでしょう。現金の循環速度が速まると、またたく間に資金が社外に流れ出し、急速に会社の体力を削いでしまうことになります。

■■ 大切なのは利益

　先の例を使えば、1匹50円のコハダを50円で売ったのでは、どれだけCCCを短くしても、現金は1円も増えません。もし40円で売ったら、一貫売るたびに現金は10円減ってしまいます。

　会社は、価値を使って新たな価値を創造して現金に換えています。つまり、価値が増加しなければ現金は増えない、ということです。商売で創り出した新たな価値は営業利益ですから、儲けを増やす絶対条件は、営業利益が黒字であることです。

利益ポテンシャル（PP）とは？

ビジネスによって現金を稼ぎ出す力を表わす

■■ 利益ポテンシャルの求め方

前項では、会社の儲ける力（「現金獲得能力」と呼ぶことにします）を決定する条件は、「現金循環日数（CCC）」と「利益」であることを学びました。

この2つの条件を一度に測定する指標が「利益ポテンシャル（Profit Potential：PP）」です。在庫金額はCCCと同様、平均残高を使うのが合理的です。

利益ポテンシャルは、**棚卸資産が持つ将来の営業キャッシュフローを生み出す力**のことで、営業キャッシュフローを棚卸資産（在庫金額）で割って計算します。

営業キャッシュフローは、中期的には営業利益とほぼ同じと考えられますから、次のように表現できます。営業利益に代えてNOPATを用いてもいいでしょう。

$$利益ポテンシャル（PP）＝\frac{営業利益（もしくはNOPAT）}{棚卸資産}$$

次に、この式の分母と分子を「売上原価」で割って、「売上原価営業利益率」と「棚卸資産回転率」に分解します。

$$
\begin{aligned}
利益ポテンシャル（PP） &＝（営業利益 ÷ 売上原価）\\
&\quad × （売上原価 ÷ 棚卸資産）\\
&＝ 売上原価営業利益率 × 棚卸資産回転率
\end{aligned}
$$

「売上原価営業利益率」は、販売した製品の売上原価に対する営業利益の割合のことです。また、「棚卸資産回転率（回）」は、製品に形を変えた現金が何回入れ替わったか（製品の回転速度）、を表わしています。

したがって、両者を掛け合わせた利益ポテンシャルは、**その会社がビジネスを行なうことで現金（つまり営業キャッシュフロー）を稼ぎ出す力を表現している**といえます。

■■ 伝統的会計の致命的盲点と利益ポテンシャル

業績が悪くなると、生産量を増やす会社があります。固定費（間接費）はほぼ一定ですから、期末在庫の増加と引き換えに、生産量が増えると製品１単位当たりの固定費は減少し、製品原価は下がり、計算上の売上原価は減って、営業利益は増加します。

これは、業績をよく見せるためにたびたび使われる会計のマジックです。増産そのものは違法ではありませんから、売れるあてのない製品在庫を積み増しても会計上、なんら問題はありません。

しかし、財務の安全性の観点からすれば、大問題です。なぜなら、**製品在庫が増えれば、それだけ運転資金が棚卸資産として滞ってしまう**からです。この手法は、業績が悪い会社が使うことがほとんどですから、資金繰りはますます悪化します。

経営分析に利益ポテンシャルを使えば、意図して在庫を積み増したのかを、簡単に見抜くことができます。生産量を増やして利益を出している会社は、利益ポテンシャルが低下し、棚卸資産回転が悪化するからです。**利益操作を見破るツールとして利益ポテンシャルは有効**です。

さらに、取扱製品ごとの利益ポテンシャルを分析することで、儲かっている製品をピンポイントで見つけることができます。

■■ PPを使った分析事例――トヨタは完全復活か？

最後に、3-11で取り上げたトヨタ自動車（単独決算書）の利益ポテンシャルの推移を見ていきましょう。

2008年のリーマン・ショックによりトヨタ自動車は、2009年3月期の決算では、前年度の約1兆1,100億円の営業利益から約1,870億円の営業損失に陥りました。その後、4年間の赤字決算を経て2013年3月期に復活しました。以下の表は、利益ポテンシャルと関連する会計データを並べたものです。

●トヨタ自動車の例

（単位：10億円）

	2008年3月	2009年3月	2013年3月	2014年3月	2020年3月	2021年3月	2022年3月
利益ポテンシャル	4.03	−0.67	0.75	3.84	2.22	1.26	1.32
棚卸資産回転率	35.56回	29.97回	26.27回	26.09回	23.79回	17.88回	12.06回
売上原価営業利益率	11%	−2%	3%	15%	9%	7%	11%

売上高	12,079	9,278	9,755	11,042	12,729	11,761	12,607
売上原価	9,779	8,332	8,459	8,637	10,491	9,939	10,295
売上総利益	2,300	946	1,296	2,405	2,238	1,821	2,312
販売費及び一般管理費	1,191	1,133	1,054	1,135	1,259	1,122	1,182
営業利益	1,109	−187	242	1,270	979	699	1,130
棚卸資産	275	278	322	331	441	556	854

2009年3月期の利益ポテンシャルは、2008年3月期の4.03からマイナス0.67へと急落しました。

これは、リーマン・ショックの影響で売上高が3兆円近く減少したにもかかわらず、棚卸資産金額がほとんど変わらなかったため、棚卸資産回転率が減少したこと。さらに、売上高が減少したのにもかかわらず、固定費の削減が追いつかなかったからです。

その後、2012年3月期までは営業損失が続き、営業利益が出たのは2013年3月期からでした。そして翌2014年3月期には、リーマン・シ

ョック直前の営業利益を1,600億円ほど上回り完全復活を印象づけました。復活の原因は改善努力の結果、売上原価営業利益率が過去最高だった2008年3月期より、4％も向上させたからです。

　2020年から始まったコロナ禍はトヨタにも大きな影響を及ぼしました。売上高は増えているものの、売上原価営業利益率が低下し、棚卸資産が増加したため、利益ポテンシャルは1ポイント台まで低下しました。営業利益は回復しても稼ぐ力は未だ回復していない、ということです。

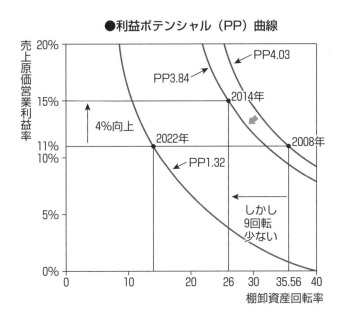

●利益ポテンシャル（PP）曲線

　利益ポテンシャルを向上させるには、「売上原価営業利益率」と「棚卸資産回転率」を改善して、利益ポテンシャルの曲線を右上にシフトさせなくてはなりません。トヨタの2014年3月期の実績（PP3.84）は、売上原価営業利益率は劇的な改善を示したものの、2008年3月期の実績（PP4.03）と比べて利益ポテンシャルは依然劣っています。これは、売上原価営業利益率が劇的に向上したものの、棚卸資産回転率にまだ

改善の余地があるということを表わしています。また、2022年3月期は2014年3月期に比べて売上原価営業利益率、棚卸資産回転率ともに悪化したことにより、利益ポテンシャル曲線は左下に大きくシフトしました。

第**6**章

生産性分析
──ムダな経営はこうして見つける

生産性の意味とは？

経営資源の有効利用の程度を表わす

■■「生産性」は安易に使われている

　仕事で会社を訪問すると、壁に「生産性の向上」と書かれた張り紙を目にすることがあります。

　製造部門に限ったことではありません。経理部門でも、営業部門でも同じ標語が掲げられています。そして、壁には生産性向上達成の成果を表わすグラフが所狭しと貼られているのに、なぜか業績低迷から抜け出せないのです。

　製造部長や経理部長に、生産性が何を意味しているのかについて聞いても、明確に答えられる人はごくわずかです。つまり、生産性という言葉が、それだけ安易に使われている、ということです。

■■生産性とは？

　一般に「生産性」は、投入する「経営資源（インプット）」に対する「産出高（アウトプット）」の割合をいいます。簡単にいえば、経営資源の有効利用の程度のことです。

$$生産性 = \frac{アウトプット（産出高）}{インプット（経営資源）}$$

　「インプット」である経営資源は、ビジネスに投入する「人、モノ、カネ」のことで、生産性の測定には、人には従業員数、作業時間、人件費、モノには機械設備台数、機械稼働時間、有形固定資産金額、カネには総資本が使われます。

　また、「アウトプット」である産出高には、生産量、売上高、付加

価値などが使われます。このように、生産性の測定には物量も金額も使われます。

「インプット」を何にするかによって、付加価値生産性は「**労働生産性**」「**設備生産性**」「**資本生産性**」に分けられます。

・インプットを人とした場合　　　　　：労働生産性
・インプットをモノ（設備）とした場合：設備生産性
・インプットをカネ（資本）とした場合：資本生産性

▉▉ 付加価値生産性

経営分析では、「アウトプット」に付加価値額を用います。これを「**付加価値生産性**」といいます。

$$付加価値生産性 \ = \ \frac{付加価値（金額）}{インプット}$$

したがって、財務諸表から付加価値をどのように計算するか、インプットに何を用いるのかが、付加価値生産性の論点となります。

▉▉ 付加価値の計算方法

付加価値は、「会社が新たに生み出した価値」のことで、次の2つの計算方法があります。

①控除法

総生産高から原材料費や仕入高など「会社が外部から買った価値」を控除して計算します。

なお、総生産高には、実際の売上高だけでなく、販売されていない製品や仕掛品増加高もふくみます。

> 付加価値 ＝ 総生産高[*] － （原材料費、仕入原価、燃料動力費、
> 　　　　　　　外注費など外部から買った価値）
>
> ＊総生産高 ＝ 売上高 ＋ 製品・仕掛品増加高

②加算法

会社が「新たに付け加えた価値」を集計して計算します。

> 付加価値 ＝ 純利益 ＋ 人件費 ＋ 金融費用 ＋ 賃借料 ＋ 租税
> 　　　　　　公課 ＋ 減価償却費

③簡便法

以上の方法に代えて「限界利益」や「売上総利益」を使うことがあります。

製造業とサービス・小売業では、それぞれ次のように計算します。

> 【製造業】
> 　付加価値 ＝ 売上高 － 材料費・外注費 ＝ 限界利益
>
> 【サービス・小売業】
> 　付加価値 ＝ 売上高 － 売上原価（商品売上原価・外注費）
> 　　　　　　 ＝ 売上総利益

6-2 付加価値生産性指標の種類

⋯⋯⋯⋯⋯⋯⋯⋯⋯⋯⋯⋯⋯⋯⋯⋯⋯⋯⋯⋯⋯⋯⋯⋯⋯⋯⋯⋯⋯

労働生産性、設備生産性、資本生産性の３つがある

■■ 付加価値労働生産性（人の生産性）

「付加価値労働生産性」は、１人の従業者が、どれだけの付加価値を生み出したかを表わす指標で、付加価値を従業員数で割って測定します。

付加価値労働生産性 ＝ 付加価値 ÷ 従業員数
　　　　　　　　　　 ＝ （売上高 ÷ 従業員数）×（付加価値 ÷ 売上高）
　　　　　　　　　　 ＝ １人当たり売上高 × 付加価値率（限界利益率）

付加価値は、「限界利益」とほぼ同じですから、この式の意味は１人当たりの売上高を増やし、限界利益率を高めれば、労働生産性は向上するということです。逆に、１人当たりの売上高が多くても、付加価値率の低い会社の労働生産性は低くなります。

なお、第３章のCVP分析で説明したように、限界利益率を上げるには、販売単価を引き上げるか、材料費を減らし、歩留まり率を向上させて変動費を削減する必要があります。

■■ 労働生産性と労働分配率の関係

会社がつくり出した付加価値のうち、人件費として従業員に分配された割合を「**労働分配率**」といいます。この指標は、労働生産性の逆数となります。つまり、**人件費１円当たりの付加価値が高いほど、労働分配率は低くなる**ということです。

$$労働分配率 = \frac{人件費}{付加価値}$$

$$労働生産性 = \frac{付加価値}{人件費}$$

　ちなみに、日本企業の労働生産性と労働分配率は、以下のとおりです。

●産業別、1企業当たり労働生産性、労働分配率

	労働生産性（万円）			労働分配率（％）		
	2019年度	2020年度	前年度比	2019年度	2020年度	前年度差
合計	862.4	845.8	−1.9	50.1	50.7	0.6
鉱業、採石業、砂利採取業	5942.0	3535.3	−40.5	11.3	17.2	5.9
製造業	1101.6	1073.1	−2.6	50.8	51.0	0.2
電気・ガス業	3337.1	3043.9	−8.8	21.9	22.3	0.4
情報通信業	1067.6	1098.3	2.9	54.8	53.9	−0.9
卸売業	1070.2	1058.1	−1.1	49.5	49.7	0.2
小売業	496.5	493.6	−0.6	50.0	49.5	−0.5
クレジットカード業、割賦金融業	1709.6	1587.8	−7.1	28.6	30.7	2.1
物品賃貸業	1860.4	1845.9	−0.8	24.6	25.2	0.6
学術研究、専門・技術サービス業	964.2	994.5	3.1	60.5	61.3	0.8
飲食サービス業	238.9	200.8	−15.9	64.4	74.9	10.5
生活関連サービス業、娯楽業	531.5	320.7	−39.7	47.2	72.9	25.7
個人教授所	406.4	309.0	−24.0	64.9	85.7	20.8
サービス業	443.3	447.8	1.0	70.4	72.0	1.6

出典：経済産業省「企業活動基本調査」

◆人時生産性は外食産業などで使われる

　ほかにも、外食産業などで使われる**人時売上高**や**人時生産性**も、労働生産性指標の一種です。

$$人時売上高 = \frac{売上高}{総就業時間}$$

$$人時生産性 = \frac{粗利益}{総就業時間}$$

　「就業時間」とは、会社が従業員から購入した時間のことで、この時間に対して賃金や給与が支払われます。分母の「総就業時間」は、プロパー社員のほか、すべてのパート・アルバイトから購入した時間の合計を使います。

　「人時売上高」は、**就業時間1時間に対して、どれだけ売り上げているか**、を表わします。たとえば、A社の1日の売上高が100万円、その日の社員、パート・アルバイトの総就業時間が200時間であれば、人時売上高は5,000円と計算されます（100万円÷200時間＝5,000円）。

　「人時生産性」は、**就業時間1時間に対して、どれだけ粗利益を上げているか**、を示しています。下の式から明らかなように、これは粗利益率に人時売上高をかけた値ですから、たとえばA社の平均粗利率が70％であれば、人時生産性は3,500円／時間となります（人時売上高5,000×粗利率0.7）。

人時生産性 ＝ 粗利益 ÷ 総就業時間

　　　　　 ＝ （粗利益 ÷ 売上高）×（売上高 ÷ 総就業時間）

　　　　　 ＝ 粗利率 × 人時売上高

　仮に、A社が粗利益のうち30％を賃金・給与として分配する（労働分配率）と決めた場合、平均時給は1,050円と計算できます。

平均時給（1,050）＝ 人時生産性（3,500）× 労働分配率（30％）

■■ 付加価値設備生産性（モノの生産性）

　会社の生産設備が、どれだけ効率的に活用されているかを示す指標で、付加価値額を有形固定資産金額で割って算出します。

$$付加価値設備生産性　=　\frac{付加価値}{有形固定資産（金額あるいは稼働時間）}$$

　設備生産性が低い会社は、**購入した機械設備が、計画したほどに稼働していないことが考えられます。**逆に、設備生産性が高い会社は、**購入した機械設備が価値を生み出しており、しかも、計画したとおりに稼働している、**と考えられます。

　ところで、労働生産性は次のように、**労働装備率**と**設備生産性**に分解できます。「労働装備率」とは、従業員1人当たりの有形固定資産の割合を示し、この比率が高いほど、**機械化が進んでいる**ことを意味します。

```
付加価値労働生産性
 = 付加価値 ÷ 従業員数
 = （付加価値↑ ÷ 有形固定資産）×（有形固定資産↑ ÷ 従業員数↓）
 =　　　付加価値設備生産性↑　　　×　　　　　労働装備率↑
```

　この式は、従業員を減らして設備投資を進めることで労働装備率を高め、さらに、付加価値設備生産性を高めれば、付加価値労働生産性が高まることを意味しています。つまり、会社が機械化を進める理由は、労働生産性を高めるためということです。

■■ 付加価値資本生産性とは？

資本生産性とは、**会社がビジネスに投下した資本の効率性**のことです。

$$付加価値資本生産性 \; = \; \frac{付加価値}{資本}$$

すでにROIや貸借対照表分析で説明したように、資本という場合、それは、調達資本と運用資本の2つの意味があります。

資本を運用資本と考えた場合、貸借対照表の左側、すなわち資産の生産性を指します。資本生産性を高めるには、**価値を生み出していないムダな資産を削減し、機械設備の不稼働時間を減らす**ことです。付加価値を経常利益に置き換えれば、運用資本の生産性はROICとほぼ同義と考えることができます。

また、調達資本と考えれば、総資本（他人資本＋自己資本）が生んだ付加価値が多いほど、資本生産性は高いと判断されます。

知識労働生産性

労働生産性指標は知識労働には使えない

■■ 機械設備への投資で「労働生産性」が高まった

　機械化、コンピュータ化が高度に進化した現代において、経営指標としての「労働生産性」は、重要な意味を持つのでしょうか。この点について考えてみましょう。

　産業革命から20世紀の半ばまで、会社は人作業を機械作業に置き換えることで、労働生産性を飛躍的に高めてきました。その結果、生産物価格が大幅に引き下がり、大量生産、大量販売が実現しました。

　かつての工場は労働集約的で、従業員のほとんどは製造活動に直接従事する「直接作業者」でした。その後、縫製作業を手縫いからミシンに置き換えたように、機械化を進めることで1人当たりの付加価値を増やして、労働生産性を高めていきました。

　つまり、人作業と機械作業は代替可能であるからこそ、機械設備の導入は、労働生産性の向上をもたらし、従業員の削減につながったわけです。こうして、20世紀後半にいたるまで、工場作業者の労働生産性は飛躍的に向上しました。

　繰り返しになりますが、人作業と機械作業が代替可能な会社では、機械設備に投資をすれば労働生産性は向上します。したがって、労働生産性が低い会社は、十分な設備投資が行なわれておらず、「労働装備率」も「設備生産性」も共に低い、と判断できるわけです。少なくとも、製造業では20世紀半ばまでそう考えられてきました。

■■ 知識労働への変化

　ところが20世紀後半からは、労働装備率が高くても、必ずしも労働

生産性が高いとはいえなくなってきました。換言すれば、設備投資が労働生産性を高めることにはならなくなったのです。

その大きな原因は、**労働の質が肉体労働から知識労働に大きく変わったこと**にあります。

肉体労働と知識労働のうち、機械設備に置き換えることができる労働は肉体労働です。一方、知識労働は労働装備率を高めても生産性は上がりません。この理由を考えていきましょう。

■■ 知識労働とは？

P・F・ドラッカーは、次のようにいっています。

「20世紀の企業における最も価値ある資産は生産設備だった。他方、21世紀の組織における最も価値ある資産は、知識労働者であり、彼らの生産性である」（『ポスト資本主義社会』P・F・ドラッカー著、上田惇生訳、ダイヤモンド社、1993年）

ここで、知識労働者とは、専門的知識を活用して成果を上げることができる労働者、つまり頭脳労働者のことです。21世紀において中心的な課題は、この知識労働の生産性の向上です。

では、ドラッカーのいう「知識」とは、どのような内容を指すのでしょうか。

「知識はすぐれて人間的な資源なのである。知識は、本の中には求められない。本は、情報をのせているにすぎない。知識とは、情報を特定の仕事の達成に応用する能力なのである。これは、人間、すなわち人間の頭脳とか手技からだけ発現する」（『創造する経営者』P・F・ドラッカー著、野田一夫・村上恒夫訳、ダイヤモンド社、1964年）

知識労働は、肉体労働と次の点で大きく本質が異なります。

　第一に、肉体労働は仕事の目的が決まっていますから、肉体労働者は、いかに効率的に与えられた仕事をこなすかが重要となります。仕事の目的とやり方が決まっているため、知識や技能がなくても、決められた手順で仕事をすれば成果を上げられます。
　これに対して、知識労働者は、仕事の目的は決まっておらず、自ら決める点で肉体労働と異なります。もし、自ら決められなければ作業の能率は著しく低下してしまいます。
　この意味で、肉体労働者は組織における1つの生産要素であるのに対し、知識労働者にとって組織は成果を上げる手段ということができます。つまり、知識労働は組織全体の生産性に影響を及ぼす仕事です。したがって、知識労働者は専門的であるとともに、組織の中で他の専門家と共同して仕事を行なうことになります。

　第二は、仕事の成果です。肉体労働が量を追求するのに対して、知識労働は質を追求します。

　第三は、肉体労働がコストであるのに対して、知識労働は資本財という点です。

　「コストは管理し減らさなくてはならないが、資本財は増やさなくてはならない」（『ネクスト・ソサエティ』P・F・ドラッカー著、上田惇生訳、ダイヤモンド社、2002年）のです。

　ひと言で表現すれば、知識労働者は知的資産そのものなのです。
　ここで疑問が沸くのは、工場で働く肉体労働者以外は、すべて知識労働者と一括りにしてよいのかという点です。

■■ 知識労働者は３種類に分かれる

　ドラッカーは「知識労働者」を、さらに「純粋な知識労働者」「テクノロジスト」「サービス労働者」に分類します。

●労働の種類

肉体労働者	知識労働者				
	サービス労働者		テクノロジスト		純粋な知識労働者
肉体労働	肉体労働	知識労働	肉体労働	知識労働	知識労働

①純粋な知識労働者

　純粋な知識労働者とは、頭脳労働者のことです。つまり、「きわめて高度な専門知識を有して、組織の中で他の専門家と共同して仕事を行なう」労働者で、先端医療や新薬の研究員、自動運転やAIの技術者、大学の教授、経営戦略や事業計画の策定する経営者や経営企画担当、独創的な商品企画やデザインを行なうチーフデザイナーが該当します。

②テクノロジスト

　テクノロジストとは、知識労働者でありながら知識労働と肉体労働を同時に行なう労働者です。つまり、自らの専門的知識を自らの専門技能に生かして仕事を行なう労働者です。具体的には、医師、理学療法士、歯科医師、看護師、弁護士、公認会計士、税理士など専門的知識を活かして働く人たちを指します。

③サービス労働者

　サービス労働者とは、純粋な知識労働者やテクノロジストと比べて知識労働の割合が非常に少ない労働者です。先進国において、低い技

術のサービス労働しかできない人たちが多い点が大きな問題となっています。

■■ なぜサービス労働者の生産性は低いのか？

肉体労働は決められた手順を踏んで、初めて生産的になります。しかし、サービス労働者の多くは、あたかも知識労働のように何をするかを自ら決めて働きます。そのため、無視できない多くのムダが生じるのです。

たとえば、営業店のサービス労働者の仕事は商品を売るだけではありません。在庫管理も、コンピュータ入力も、本社との連絡も行なわなくてはなりません。これらの仕事を合理的に行なうにはマニュアルが欠かせません。ところが、経営者は売上目標を提示するだけで、何をするのかは、店員にすべて任せています。ここが、ムダの温床となっているのです。

サービス労働の生産性を高めるためには、第一に肉体労働部分をマニュアル化することです。そして、作業が定着したらはITに置き換える必要があります。

では、サービス労働者の知識労働とは何を指すのでしょうか。営業店の店員なら、いかにして顧客の満足を高めるかを考えることです。考えたからといって、売上がすぐに増加するわけではありませんが、将来にわたり会社の業績を引き上げるには、絶対に必要な作業です。

つまり、サービス労働の生産性を引き上げるには、まず肉体労働部分をマニュアル化し、積極的に設備に置き換えることです。そして、知識労働生産性を高めることです。

■■ 知識労働生産性の高め方

ドラッカーは、知識労働生産性を高めるステップとして、次の6つを挙げています。

1. 必要のない仕事をやめる
2. 仕事に集中する
3. 生産性の意味を考える
4. 労働者をマネジメントのパートナーとする
5. 継続して学習する
6. 他人に教える

第一のステップは、効果的に生産性を向上させるために、何をなすべきかを明確にするとともに、必要のない仕事をやめることです。

第二は、本来なすべき専門的な知識労働に集中することです。ドラッカーは、知識労働者の多くが「ほとんど価値のないこと、能力や報酬に関係のない仕事に忙殺されている」と指摘しています。

第三は、仕事の生産性が量か質かを見極めることです。すなわち、純粋な知識労働は質の問題、テクノロジストは質と量の問題、サービス労働はもっぱら量の問題です。

第四に、知識労働者は自律的に行動するとともに、他の知識労働者と共同して知識労働生産性を高めることです。

第五は、生産性の絶えざる向上のために継続学習を行なうことです。

そして第六に、他人に教えることです。教えることが、もっとも効率よく学ぶ方法だからです。

■■ 知識労働生産性に関するまとめ

日本におけるサービス労働の生産性が低い原因は、肉体労働を知識労働のごとく、その目的を労働者に丸投げしているからです。さらに、

知識労働を向上させるための仕組みがないことも指摘できます。教育の場がなければ知識は磨かれません。ところが近年、多くの企業では社内教育にかける費用を削っています。

　最後に、ドラッカーの言葉を紹介します。

　「サービス労働の生産性の向上は、政府の施策や政治によってなしうることではない。それは、会社自身が取り組むべき課題である。これこそまさに、知識社会における経営陣にとって、最優先の社会的責任である」（『P.F.ドラッカー経営論集』P・F・ドラッカー著、上田惇生訳、ダイヤモンド社、1998年）

株式投資分析
──株を始める前に知っておきたいこと

7-1 株式投資分析とは?

テクニカル分析とファンダメンタル分析がある

■■ 分析手法は2つに分けられる

　この章では、「株式投資」に使われる分析手法を取り上げていきます。分析手法は、**テクニカル分析とファンダメンタル分析の2つに分けら**れます。

　「**テクニカル分析**」とは、さまざまなテクニカル指標を見ることで、**過去と現在の値動きを比べて、同じ動きになった場合、過去と同じ値動きをすると予想し、値動きの動向を分析するもの**です。

　具体的には、株価の変動をローソク状に表現した「ローソク分析」、当日からさかのぼったある一定期間の終値平均値を、1日ずつずらしてグラフ化し、日々の株価の傾向を見ようとする「**株価移動平均線**」などがあります。

　「**ファンダメンタル分析**」は、**会社の業績や経済状況などを調べて、会社の株価を予測する手法**です。すなわち、会社を取り巻く経済状況や投資対象の財務諸表を分析することで、株価の状態を測定し、実際の株価と比較することで投資の妥当性を分析します。

　本書では、「ファンダメンタル分析」の手法について説明します。

株価の分析指標

ファンダメンタル分析

株価の主なファンダメンタル分析指標

株価の状態を測定するファンダメンタル分析指標には、次のような
ものがあります。

・PER（株価収益率）
・EPS（1株当たり税引後当期純利益）
・BPS（1株当たり純資産）
・PBR（株価純資産倍率）
・DOE（自己資本配当率）

PER（Price Earnings Ratio＝株価収益率）でわかること

代表的指標である「**株価収益率（PER）**」は、株価が1株当たりの
税引後純利益の何倍まで買われているかを表わす指標で、現在の株価
が企業の利益水準に対して割高か割安かを判断する目安として使われ
ます。

一般的には決算時に発表される予想利益ベースのPER のほうが注
目されます。

ちなみに、2022年12月時点の東京証券取引所のプライム市場全銘柄
の平均予想PER は約14.4倍です。

成長性の期待が高い会社は、1株当たりの税引前利益に比べて株価
が高くなるため、PERは高くなります。

```
PER ＝ 株価 ÷ １株当たりの税引後当期純利益 （EPS）

    ＝ （株価 × 発行済株式数） ÷ （１株当たり税引後当期純
       利益 × 発行済株式数）

    ＝ 株式時価総額 （株主価値） ÷ 税引後当期純利益
```

　PERの高低で、その会社の投資価値を判断します。たとえば、今期の株価が600円で１株当たりの利益を30円とした場合、PERは20倍です。業績好調で、来期の１株当たり利益が40円になるだろうと予想された場合、PERが20倍と変わらないとすると、株価は800円（40円×20倍）の水準まで買えると判断します。

■■ EPS（１株当たり税引後当期純利益）の意味

　「EPS（Earnings Per Share）」とは、１株に対してどれだけの税引後当期純利益が出ているかを表わす指標です。

```
EPS ＝ 税引後当期純利益 ÷ 発行済株式数
```

　EPSが上昇傾向にある会社の場合、株価もまた上昇する可能性が高い、と考えられます。

　EPSを高めるには、業績を改善して利益を増やすことです。また、税引後当期純利益が変わらなくても、自社株を消却して発行済株式数を減らせばEPSは増加します。

　発行済株式数は通常、普通株式数を使いますが、優先株を発行している場合、EPSは優先株配当を引いた利益を普通株式の数で割って計算します。ワラントや転換社債などの潜在株式があるときは、将来、株数が増えてEPSが低下するリスク（希薄化）がありますから、将来の株価の上昇を予測する場合は、この点も考慮する必要があります。

税引後当期純利益を潜在株式数で割ったものを、「潜在株式調整後1株当たり利益」とか「希薄化後1株当たり利益」と呼びます。

◆EPS（1株当たり税引後当期純利益）を高めるには？

EPSは「総資産利益率（ROA）」と「1株当たり純資産（BPS）」と「レバレッジ比率」、さらに、ROEとBPS（1株当たり純資産）に分解できます。

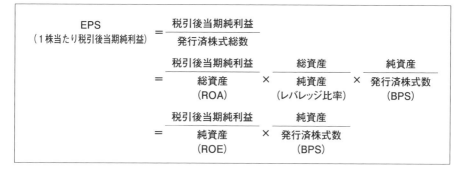

したがって、投資家にとって、もっとも関心があるEPSを引き上げるには、ROAとレバレッジ比率を高めることでROEを高め、さらにBPSを高める必要があります。

▓▓ BPS（1株当たり純資産）とは？

「BPS」はBook value Per Shareの頭文字で、**1株当たりの純資産帳簿価格**のことです。次のように計算します。

BPS ＝ 純資産 ÷ 発行済株式数

会社の1株当たりの純資産ですから、この値が大きいほど、株価は高くなると考えられそうです。

しかしながら、BPSは過去の財務諸表から計算しますから、将来の純資産価値を表わしているわけではありません。したがって、過去の

BPSだけでなく、将来の予想純資産を用いたBPSを併せて考慮する
必要があります。

■■ 株価純資産倍率（PBR）の求め方

「株価純資産倍率（Price Book-value Ratio：PBR）」は、株価を1
株当たり純資産（BPS）で割った値のことで、**株式が1株当たり純資
産の何倍まで買われているのか**を示すものです。

会社の将来の利益や成長性に着目するPERに対して、PBRは**一時
点における会社の純資産価値**に注目します。いい換えれば、株価収益
率（PER）が株価と利益（フロー）の関係を表わしているのに対し、
株価純資産倍率（PBR）は、株価と純資産（ストック）の関係を表わ
しています。

下の式で明らかなように、PBRは株主価値を株主資本で割った値
でもあります。**PBRが低ければ低いほど株価が割安である**といえます。

PBR＝1の場合は株価と1株当たりの純資産が同じこと、そして
PBR＜1である場合は、株価が1株当たりの純資産よりも低いこと
を意味します。つまり、PBRが低い会社は、高い会社と比較して株
価が上昇する可能性が大きいということです。

PBR ＝ 株価 ÷ 1株当たり純資産（BPS）

　　　＝ 株価 × 発行済株式数 ÷ 1株当たり純資産 × 発行済株式数

　　　＝ 株主価値 ÷ 純資産（自己資本）

長期間にわたる景気低迷の影響から、日本企業の資産価値は著しく
減少しました。その結果、2006年の平均PBRは2倍を超えていましたが、
2022年はプライム市場で1.2倍と低迷しています。業種別に見ると、
サービス業の2.4倍が一番高く、最も低いのは銀行業の0.3倍です（日
本取引所グループ統計）。銀行業のPBRが低い理由は、銀行が持つ資
産の生産性が低く、利益を生まないからです。そのため、大手銀行を

はじめとして、構造改革が行なわれています。

◆PBR（株価純資産倍率）を高めるには？

PBRは、PERとROEに分解できます。

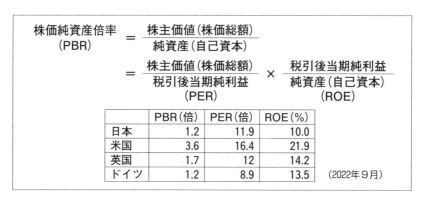

$$\text{株価純資産倍率（PBR）} = \frac{\text{株主価値（株価総額）}}{\text{純資産（自己資本）}}$$

$$= \frac{\text{株主価値（株価総額）}}{\text{税引後当期純利益}} \times \frac{\text{税引後当期純利益}}{\text{純資産（自己資本）}}$$
$$\text{（PER）} \qquad\qquad \text{（ROE）}$$

	PBR（倍）	PER（倍）	ROE（%）
日本	1.2	11.9	10.0
米国	3.6	16.4	21.9
英国	1.7	12	14.2
ドイツ	1.2	8.9	13.5

（2022年9月）

　国際的に見て、日本企業のPBRは低い水準で推移しています。2022年のデータを見ますと、日本企業のPBRが1.2倍であるのに対して米国企業は3.6倍と倍以上になっています。つまり、日本企業の株式時価（株主価値）が純資産（自己資本）とほぼ同額に対して、米国企業では3倍以上になっているということです。この理由は、上表から明らかなように、ROEの低さが株価を下げ、PBRを引き下げているからです。

●貸借対照表と株価の分析指標

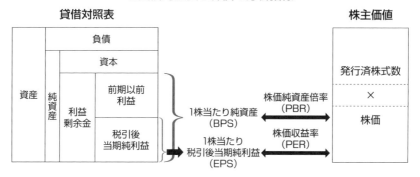

■■ 自己資本配当率（DOE）とは？

「自己資本配当率（DOE：Dividend on Equity ratio）」は、企業が株主（自己資本）に対して、どの程度の配当を支払っているかを示す指標です。これは株主から見た投下資本の効率（ROE）と株主還元の要素（配当性向）をふくむ点に特徴があります。

配当水準を示す指標としては、配当性向（配当総額÷当期純利益）が一般的に用いられます。しかし、配当はその会社の政策に左右されますから、利益が出たからといって、すべての会社が配当を増やすわけでもなく、利益が減っても配当を減らすわけでもありません。

したがって、高配当の会社と、まったく配当をしない会社の配当性向を比較しても、総合的な投資判断はできません。そこで用いられるのがDOEです。

$$\text{自己資本配当率（DOE）} = \frac{\text{配当総額}}{\text{自己資本}} = \frac{\text{当期純利益}}{\text{自己資本}}_{\text{（ROE）}} \times \frac{\text{配当総額}}{\text{当期純利益}}_{\text{（配当性向）}}$$

株主は高配当だけでなく、株価の値上がりを期待して投資します。株価はROE（自己資本利益率）と深く関係していますから、配当性を低く抑えている会社でも、それを補うだけのROEであれば、投資する価値があると判断できます。

ROEからDOEを引くと、自己資本の増加率（内部成長率）となりますから、ROEを高めることが株主価値の増加につながることがわかります。

$$\text{自己資本増加率（内部成長率）} = \frac{\text{当期純利益}}{\text{自己資本}}_{\text{（ROE）}} - \frac{\text{配当総額}}{\text{自己資本}}_{\text{（DOE）}}$$

つまり、DOEは配当性向とROEを組み合わせた指標になっていますから、**配当政策に惑わされることのない投資判断が可能になります。**

DOEは会社にとっても、成長ステージに合わせて利用できます。成長途上のベンチャー会社であれば、配当性向が低くても、高いROEを維持して株価が上昇すれば、株主の信任は得られます。

また安定会社においては、株価が上昇しなくても、高配当性向を維持することで投資家の信頼につながるわけです。

すでに見たように、ROEは「売上高純利益率」と「財務レバレッジ」と「総資産回転率」に分解できますから（2-13参照）、DOEは次のように表わすことができます。

自己資本利益率（DOE）＝ROE×配当性向

$$= \frac{当期純利益}{売上高} \times \frac{純資産}{自己資本} \times \frac{売上高}{総資産} \times \frac{配当総額}{当期純利益}$$

（売上高当期純利益率）　（財務レバレッジ）　（総資産回転率）　（配当性向）

これにより、同業他社と比べて、DOEが高い（低い）理由が、配当性向にあるのか、収益性（利益率）にあるのか、財務レバレッジにあるのか、資本効率（総資産回転率）にあるのかについて分析できます。

会社はこれらの要素を組み合わせることで、戦略的に株主価値を組み立てるのです。

INDEX

林　總（はやし　あつむ）

公認会計士、税理士、LEC会計大学院客員教授、元明治大学専門職大学院特任教授。監査法人勤務を経て独立。現在、経営相談の対応、講演、執筆活動などを行なっている。

著書に、ベストセラーとなった『餃子屋と高級フレンチでは、どちらが儲かるか？』のほか、『美容院と1,000円カットでは、どちらが儲かるか？』『50円のコスト削減と100円の値上げでは、どちらが儲かるか？』『[新版]わかる！ 管理会計』『会計の教室』（以上、ダイヤモンド社）、『ドラッカーと会計の話をしよう』（中経出版）、『新版 正しい家計管理』『正しい家計管理 長期プラン編』（以上、すみれ書房）、『原価計算の基本』『「原価計算」しているのに、なぜ「儲け」が出ないのか？』（以上、日本実業出版社）などがある。

新版　経営分析の基本

2015年 4 月10日　初 版 発 行
2023年 3 月20日　最新 2 版発行
2024年 5 月 1 日　第 3 刷 発 行

著 者　林　總　©A.Hayashi 2023
発行者　杉本淳一

発行所　株式会社日本実業出版社　東京都新宿区市谷本村町3-29 〒162-0845

編集部 ☎03-3268-5651
営業部 ☎03-3268-5161　振 替 00170-1-25349
https://www.njg.co.jp/

印刷／壮光舎　製本／若林製本

ISBN 978-4-534-05997-0　Printed in JAPAN

この1冊ですべてわかる
原価計算の基本

製造・経理・商品開発部門など原価計算に携わる人のために、図や設問を活用し、原価計算の理論と実務知識を徹底解説。原価計算基準に沿って、基本的なしくみからABCまで体系的に学べます。

林 總
定価 2090円（税込）

この1冊ですべてわかる
経営計画の基本

A4用紙一枚の経営計画書の作成法から、目標達成のための具体的な施策までを解説した1冊。経営ビジョン、経営目標などの記載ポイントや、具体的な行動計画、進捗管理の方法などを紹介。

宮内 健次
定価 1980円（税込）

見るだけで「儲かるビジネスモデル」までわかる
決算書の比較図鑑

50社以上の決算書をシンプルにして、ひと目で比較できるように並べて掲載しました。経営の現実やビジネスモデルを直観的に読み解く方法を解説します。決算書分析が面白くなる入門書。

矢部 謙介
定価 1760円（税込）

決算書から「経営の打ち手」がわかる本
会社が「利益体質」に変わる数字の読み方・使い方

月次決算書から「どこに手を打てば利益が出るか」がわかる！「儲けの構造」や「儲けた利益がどこに消えたか」が見えて、決算書を「過去の成績表」から「未来デザイン決算書」に変える1冊。

宮崎 栄一
定価 2090円（税込）

定価変更の場合はご了承ください。